Impressum
Verlag: BABADADA GmbH, Nedderfeld 112 , 22529 Hamburg
Geschäftsführer / Verlagsleitung: Harald Hof
Druck: Books on Demand GmbH, In de Tarpen 42, 22848 Norderstedt

Imprint
Publisher: BABADADA GmbH, Nedderfeld 112 , 22529 Hamburg, Germany
Managing Director / Publishing direction: Harald Hof
Print: Books on Demand GmbH, In de Tarpen 42, 22848 Norderstedt, Germany

de School

Schule

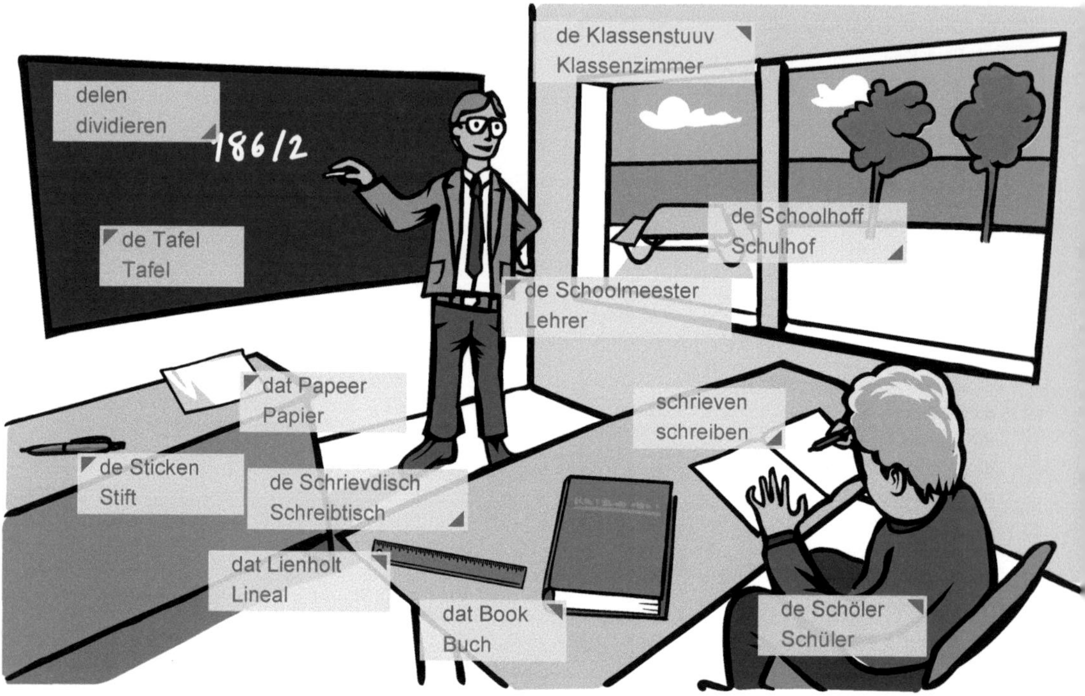

de Klassenstuuv
Klassenzimmer
delen
dividieren
186/2
de Tafel
Tafel
de Schoolhoff
Schulhof
de Schoolmeester
Lehrer
dat Papeer
Papier
schrieven
schreiben
de Sticken
Stift
de Schrievdisch
Schreibtisch
dat Lienholt
Lineal
dat Book
Buch
de Schöler
Schüler

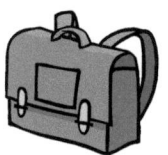

de Ranzel

Ranzen

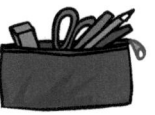

de Feddermapp

Federmappe

de Bleesticken

Bleistift

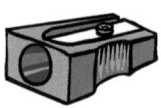

de Scharpmaker

Bleistiftanspitzer

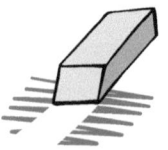

dat Radeergummi

Radiergummi

de Tekenblock

Zeichenblock

de Teken

Zeichnung

de Pinsel

Pinsel

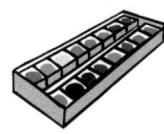

de Malkassen

Malkasten

de Scheer

Schere

de Klever

Klebstoff

dat Heft to'n Öven

Übungsheft

de Huusopgaav

Hausaufgabe

de Tall

Zahl

tohooptellen

addieren

aftrecken

subtrahieren

malnehmen

multiplizieren

reken

rechnen

de Bookstaav

Buchstabe

dat ABC

Alphabet

dat Woort

Wort

de Text

Text

lesen

lesen

de Kried

Kreide

de Stunn

Stunde

dat Klassenbook

Klassenbuch

de Pröven

Prüfung

dat Tüügnis

Zeugnis

de Schooluniform

Schuluniform

de Utbillen

Ausbildung

dat Nakieksel

Lexikon

de Universität

Universität

dat Mikroskop

Mikroskop

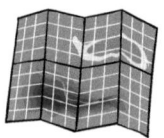

de Koort

Karte

de Papeerkorf

Papierkorb

de School - Schule

de Törn
Reise

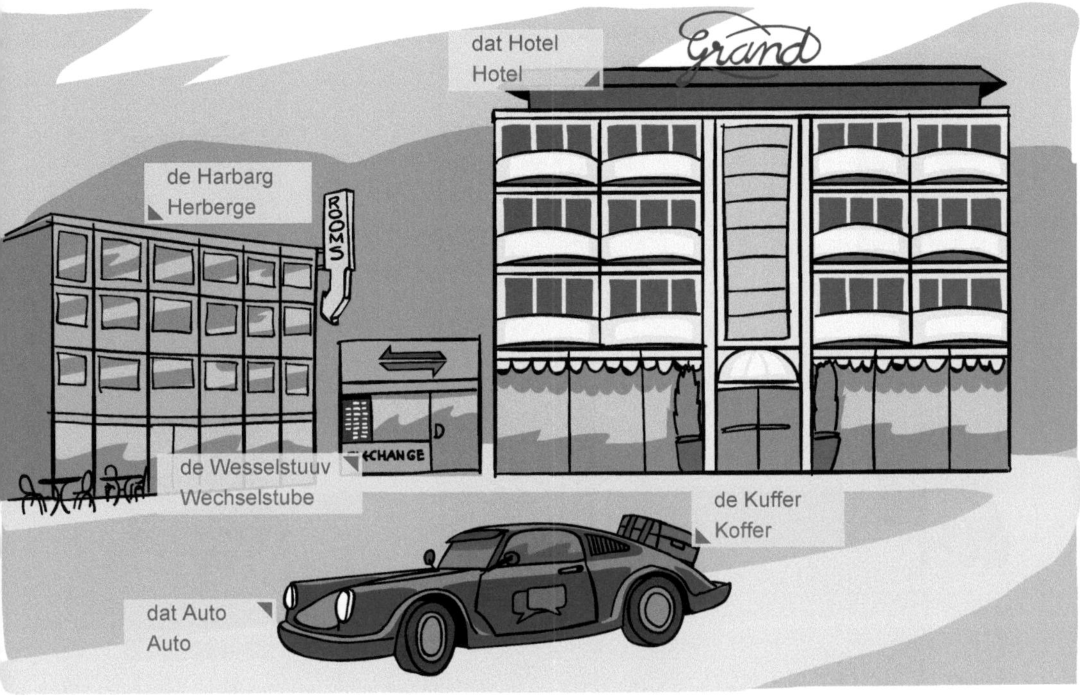
dat Hotel
Hotel
Grand
de Harbarg
Herberge
ROOMS
de Wesselstuuv
Wechselstube
EXCHANGE
de Kuffer
Koffer
dat Auto
Auto

de Spraak

Sprache

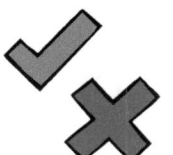

jo / ne

ja / nein

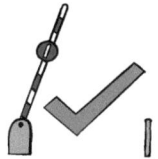

Jo

Okay

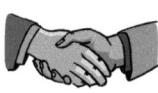

Moin

Hallo

de Översetter

Übersetzer

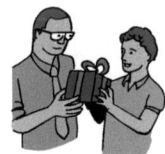

Dank ok

Danke

Wat kost…?

Was kostet…?

Ik verstah nich

Ich verstehe nicht

dat Problem

Problem

Goden Avend

Guten Abend!

Moin!

Guten Morgen!

Gode Nacht!

Gute Nacht!

Tschüüs

Auf Wiedersehen

de Richt

Richtung

de Bagaasch

Gepäck

de Tasch

Tasche

de Rüchsack

Rucksack

de Gast

Gast

de Stuuv

Zimmer

de Slaapsack

Schlafsack

dat Telt

Zelt

de Touristeninformatschoon

Touristeninformation

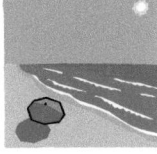

de Strand

Strand

de Kreditkoort

Kreditkarte

dat Fröhstück

Frühstück

dat Meddageten

Mittagessen

dat Avendeten

Abendessen

de Fohrkort

Fahrkarte

de Fohrstohl

Fahrstuhl

de Breefmark

Briefmarke

de Grenz

Grenze

de Toll

Zoll

de Bottschop

Botschaft

dat Visum

Visum

de Pass

Pass

de Transport

Transport

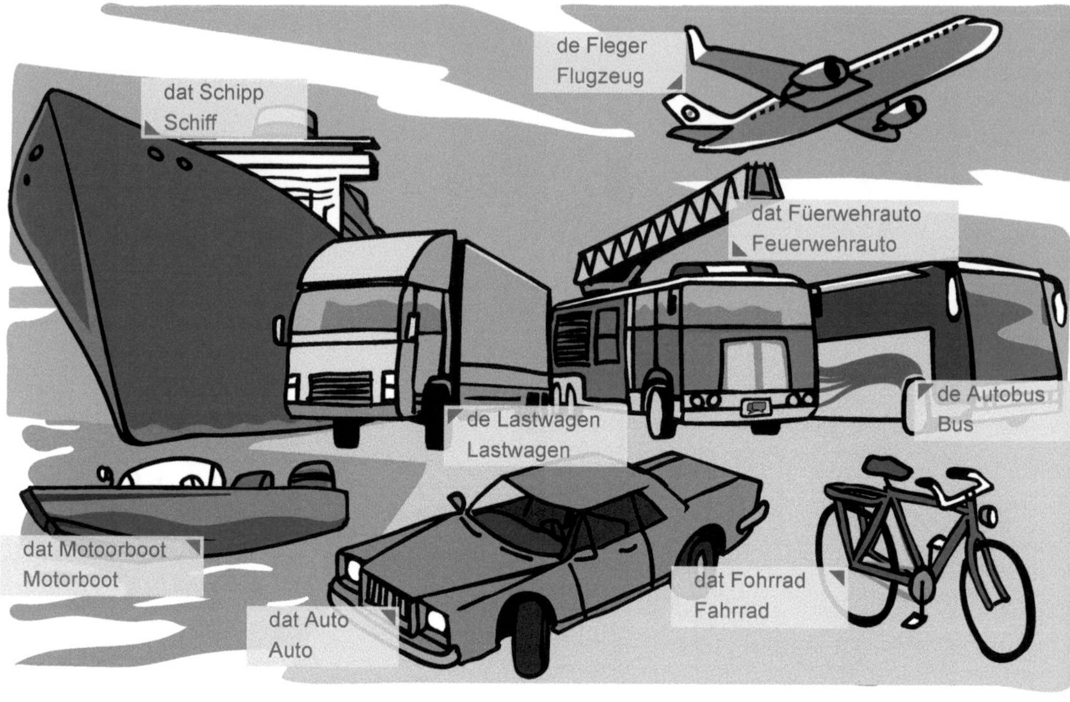

de Fleger
Flugzeug
dat Schipp
Schiff
dat Füerwehrauto
Feuerwehrauto
de Autobus
Bus
de Lastwagen
Lastwagen
dat Motoorboot
Motorboot
dat Fohrrad
Fahrrad
dat Auto
Auto

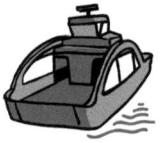

de Fähr

Fähre

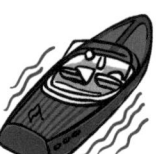

dat Boot

Boot

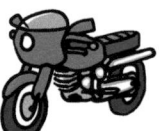

dat Motoorrad

Motorrad

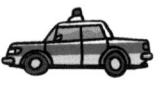

dat Polizeiauto

Polizeiauto

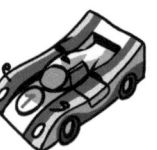

dat Rönnauto

Rennauto

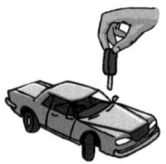

de Lehnwagen

Mietwagen

dat Carsharing

Carsharing

de Afsleepwagen

Abschleppwagen

dat Müllauto

Müllauto

de Motoor

Motor

de Kraftstoff

Kraftstoff

de Tanksteed

Tankstelle

dat Verkehrsschild

Verkehrsschild

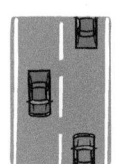

de Verkehr

Verkehr

de Stau

Stau

de Afstellplatz

Parkplatz

de Bahnhoff

Bahnhof

de Sporen

Schienen

de Tog

Zug

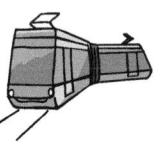

de Stratenbahn

Straßenbahn

de Wagon

Wagon

de Dwarsmöhl

Helikopter

de Flooghaven

Flughafen

de Tower

Tower

de Fohrgast

Passagier

de Grootkist

Container

de Karton

Karton

de Koor

Karren

de Korf

Korb

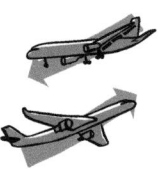

starten / lannen

starten / landen

de Stadt
Stadt

dat Dörp

Dorf

de Binnenstadt

Stadtzentrum

dat Huus

Haus

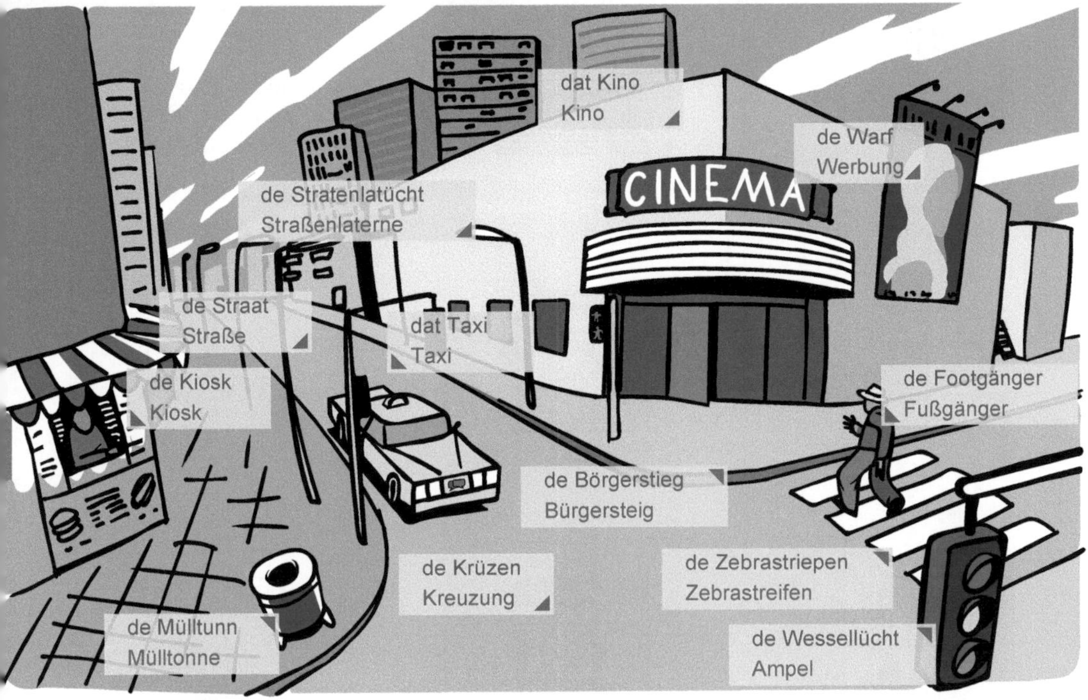

dat Kino / Kino

de Warf / Werbung

de Stratenlatücht / Straßenlaterne

de Straat / Straße

dat Taxi / Taxi

de Kiosk / Kiosk

de Footgänger / Fußgänger

CINEMA

de Börgerstieg / Bürgersteig

de Krüzen / Kreuzung

de Zebrastriepen / Zebrastreifen

de Mülltunn / Mülltonne

de Wessellücht / Ampel

de Hütt

Hütte

de Wahnung

Wohnung

de Bahnhoff

Bahnhof

dat Raathuus

Rathaus

dat Museum

Museum

de School

Schule

de Universität

Universität

de Bank

Bank

dat Krankenhuus

Krankenhaus

dat Hotel

Hotel

de Afteek

Apotheke

dat Büro

Büro

de Bookhökerie

Buchhandlung

de Hökerie

Geschäft

de Blomenhökerie

Blumenladen

de Supermarkt

Supermarkt

de Markt

Markt

dat Koophuus

Kaufhaus

de Fischhökerie

Fischhändler

dat Inkoopszentrum

Einkaufszentrum

de Haven

Hafen

de Stadt - Stadt

de Parkanlaag

Park

de Bank

Bank

de Brüch

Brücke

de Trepp

Treppe

de Ünnergrundbahn

U-Bahn

de Tunnel

Tunnel

de Busstoppsteed

Bushaltestelle

de Bar

Bar

dat Spieslokal

Restaurant

de Breefkassen

Briefkasten

dat Stratenschild

Straßenschild

de Parkklock

Parkuhr

de Deertenpark

Zoo

de Baadanstalt

Badeanstalt

de Moschee

Moschee

de Buernhoff

Bauernhof

de Ümweltversmudden

Umweltverschmutzung

de Karkhoff

Friedhof

de Kark

Kirche

de Speelplatz

Spielplatz

de Tempel

Tempel

de Landschop

Landschaft

dat Blatt
Blatt

de Wiespahl
Wegweiser

de Weg
Weg

de Wisch
Wiese

de Steen
Stein

de Boom
Baum

de Wannerer
Wanderer

de Fluss
Fluss

dat Gras
Gras

de Bloom
Blume

dat Daal

Tal

de Barg

Berg

de See

See

dat Holt

Wald

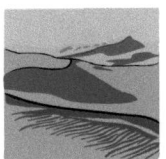

de Wööst

Wüste

de Füerspien Barg

Vulkan

dat Slott

Schloss

de Regenbagen

Regenbogen

de Poggenstohl

Pilz

de Palm

Palme

de Steekmück

Moskito

de Fleeg

Fliege

de Miegeemk

Ameise

de Imm

Biene

de Spinn

Spinne

de Sebber

Käfer

de Pogg

Frosch

de Katteker

Eichhörnchen

de Swienegel

Igel

de Haas

Hase

de Uul

Eule

de Vagel

Vogel

de Swaan

Schwan

dat Wildswien

Wildschwein

de Hirsch

Hirsch

de Elk

Elch

de Staudamm

Staudamm

dat Windrad

Windrad

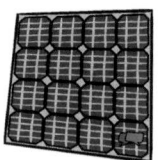

dat Solarmodul

Solarmodul

dat Klima

Klima

de Landschop - Landschaft

dat Spieslokal
Restaurant

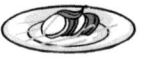

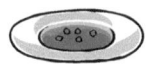

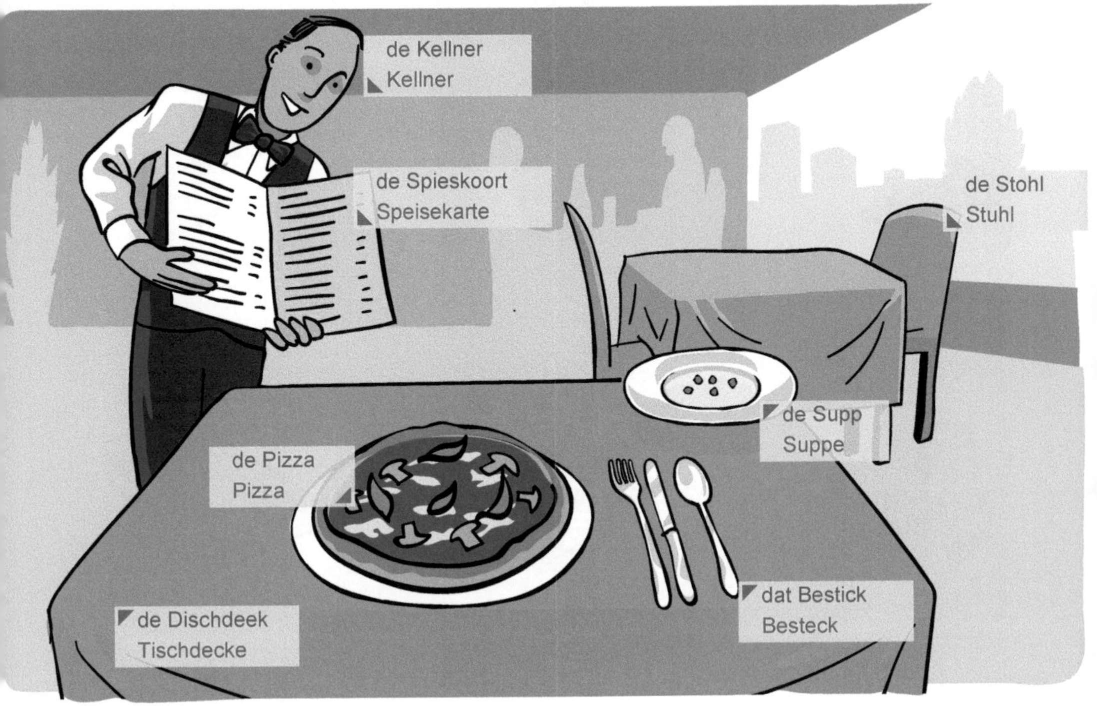
de Kellner
Kellner
de Spieskoort
Speisekarte
de Stohl
Stuhl
de Supp
Suppe
de Pizza
Pizza
dat Bestick
Besteck
de Dischdeek
Tischdecke

de Vörspies

Vorspeise

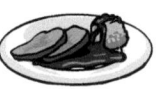

dat Haupteten

Hauptgericht

de Nadisch

Nachspeise

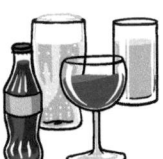

de Drünk

Getränke

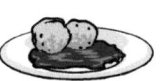

dat Eten

Essen

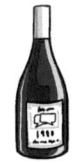

de Buddel

Flasche

dat Fastfood

Fastfood

dat Strateneten

Streetfood

de Teekann

Teekanne

de Zuckerdoos

Zuckerdose

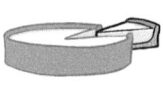

de Portschoon

Portion

de Espressomaschien

Espressomaschine

de Hoochstohl

Hochstuhl

de Reken

Rechnung

dat Tablett

Tablett

dat Mess

Messer

de Gavel

Gabel

de Lepel

Löffel

de Teelepel

Teelöffel

dat Munddook

Serviette

dat Glas

Glas

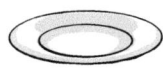

de Töller

Teller

de Suppentöller

Suppenteller

de Ünnertass

Untertasse

de Sooß

Sauce

de Soltstreuer

Salzstreuer

de Pepermöhl

Pfeffermühle

de Etig

Essig

dat Ööl

Öl

de Krüder

Gewürze

de Ketchup

Ketchup

de Mostrich

Senf

de Mayonnaise

Mayonnaise

de Supermarkt

Supermarkt

dat Anbott
Angebot
FOR
de Kunn
Kunde
de Melkprodukten
Milchprodukte
dat Aaft
Obst
de Inkoopswagen
Einkaufswagen

BUTCHERS

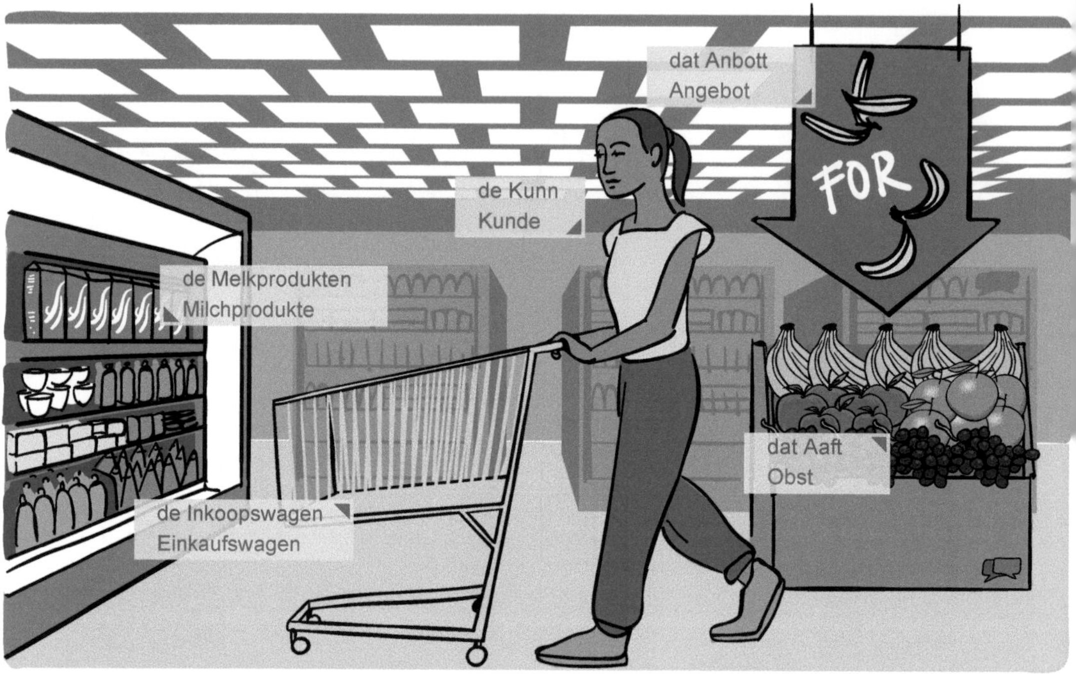

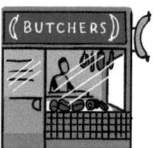

de Slachterie

Schlachterei

BAKERY

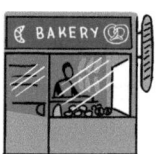

de Bäckerie

Bäckerei

wegen

wiegen

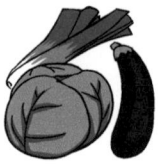

de Gröönsaken

Gemüse

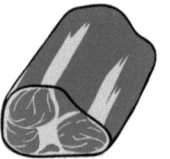

dat Fleesch

Fleisch

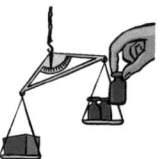

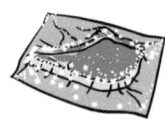

de Deepköhlkost

Tiefkühlkost

de Opsnitt

Aufschnitt

de Konserven

Konserven

de Waschmiddel

Waschmittel

de Snoopkraam

Süßigkeiten

de Huushooltssaken

Haushaltsartikel

de Reinmaaktüüch

Reinigungsmittel

de Verköpersche

Verkäuferin

de Kass

Kasse

de Kasserer

Kassierer

de Inkoopslist

Einkaufsliste

de Opsparrtieden

Öffnungszeiten

de Breeftasch

Brieftasche

de Kreditkoort

Kreditkarte

de Tasch

Tasche

de Plastiktüüt

Plastiktüte

de Drünk

Getränke

dat Water

Wasser

de Saft

Saft

de Melk

Milch

de Cola

Cola

de Wien

Wein

dat Beer

Bier

de Spriet

Alkohol

de Kakao

Kakao

de Tee

Tee

de Koffie

Kaffee

de Espresso

Espresso

de Cappucino

Cappuccino

de Banaan

Banane

de Appel

Apfel

de Appelsien

Orange

de Meloon

Melone

de Zitroon

Zitrone

de Wöttel

Karotte

de Knuuvlook

Knoblauch

de Bambus

Bambus

de Zibbel

Zwiebel

de Poggenstohl

Pilz

de Nööt

Nüsse

de Nudeln

Nudeln

de Spaghetti

Spaghetti

de Ries

Reis

de Salat

Salat

de Pommes frites

Pommes frites

de Braadkantüffeln

Bratkartoffeln

de Pizza

Pizza

de Hamborger

Hamburger

dat Sandwich

Sandwich

dat Snitzel

Schnitzel

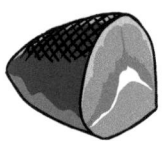

de Schinken

Schinken

de Salami

Salami

de Wust

Wurst

dat Hohn

Huhn

de Braden

Braten

de Fisch

Fisch

de Haverflocken

Haferflocken

dat Müsli

Müsli

de Cornflakes

Cornflakes

dat Mehl

Mehl

de Croissant

Croissant

dat Rundstück

Brötchen

dat Broot

Brot

dat Toast

Toast

de Keksen

Kekse

de Botter

Butter

de Quark

Quark

de Koken

Kuchen

dat Ei

Ei

dat Spegelei

Spiegelei

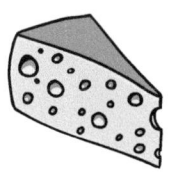

de Kees

Käse

de Ies
....
Eiscreme

de Zucker
....
Zucker

de Honnig
....
Honig

de Marmelaad
....
Marmelade

de Nougat-Creme
....
Nougat-Creme

dat Curry
....
Curry

de Buernhoff
Bauernhof

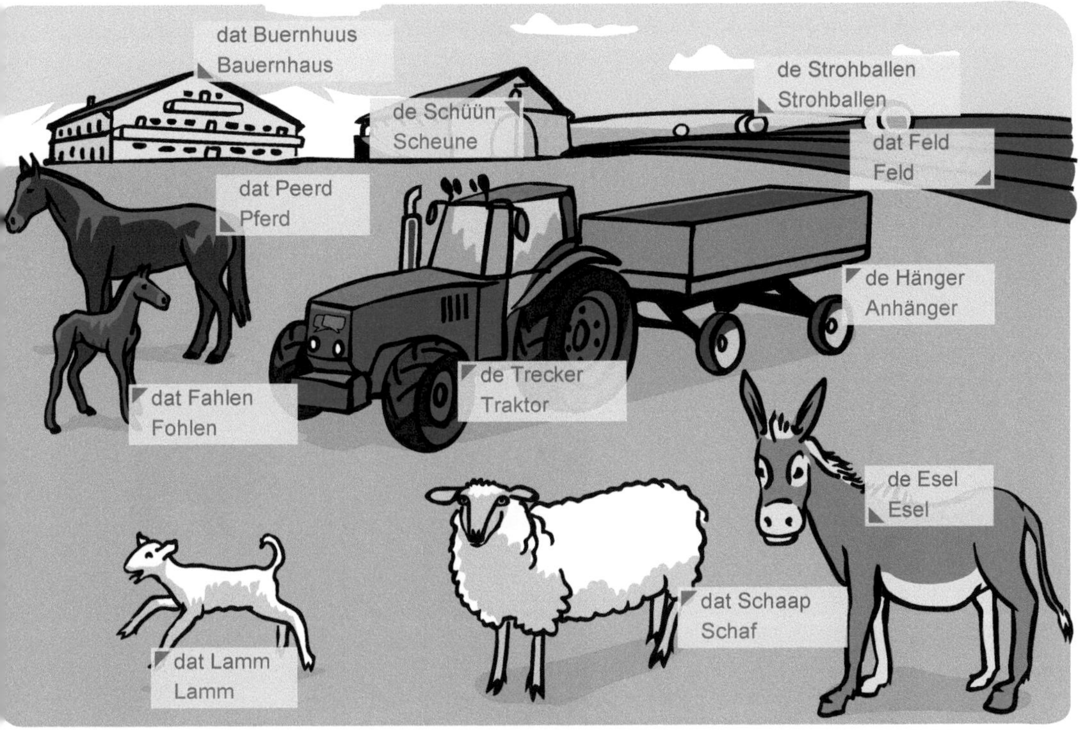
dat Buernhuus
Bauernhaus
de Schüün
Scheune
de Strohballen
Strohballen
dat Feld
Feld
dat Peerd
Pferd
de Hänger
Anhänger
de Trecker
Traktor
dat Fahlen
Fohlen
de Esel
Esel
dat Schaap
Schaf
dat Lamm
Lamm

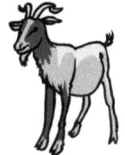

de Zeeg

Ziege

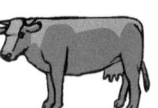

de Koh

Kuh

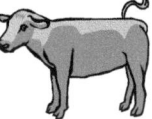

dat Kalf

Kalb

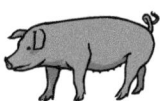

dat Swien

Schwein

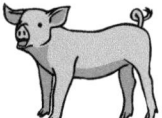

dat Farken

Ferkel

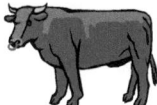

de Bull

Bulle

de Goos

Gans

de Aant

Ente

dat Küken

Küken

dat Hohn

Huhn

de Hahn

Hahn

de Rott

Ratte

de Katt

Katze

de Muus

Maus

de Oss

Ochse

de Hund

Hund

de Hunnenhütt

Hundehütte

de Goornslauch

Gartenschlauch

de Geetkann

Gießkanne

de Lee

Sense

de Ploog

Pflug

de Sich

Sichel

de Hack

Hacke

de Mestfork

Mistgabel

de Ext

Axt

de Schuufkoor

Schubkarre

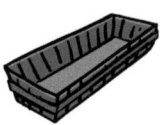

de Trog

Trog

de Melkkann

Milchkanne

de Sack

Sack

de Tuun

Zaun

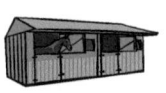

de Stall

Stall

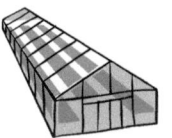

dat Drievhuus

Treibhaus

de Bodden

Boden

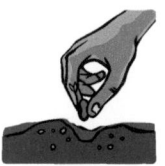

de Saat

Saat

de Dünger

Dünger

de Meihdöscher

Mähdrescher

oornen
....
ernten

de Oorn
....
Ernte

de Yamswöttel
....
Yamswurzel

de Weten
....
Weizen

dat Soja
....
Soja

de Kantüffel
....
Kartoffel

de Törksche Weten
....
Mais

de Rapp
....
Raps

de Aaftboom
....
Obstbaum

de Troopsch Kantüffel
....
Maniok

dat Koorn
....
Getreide

dat Huus
Haus

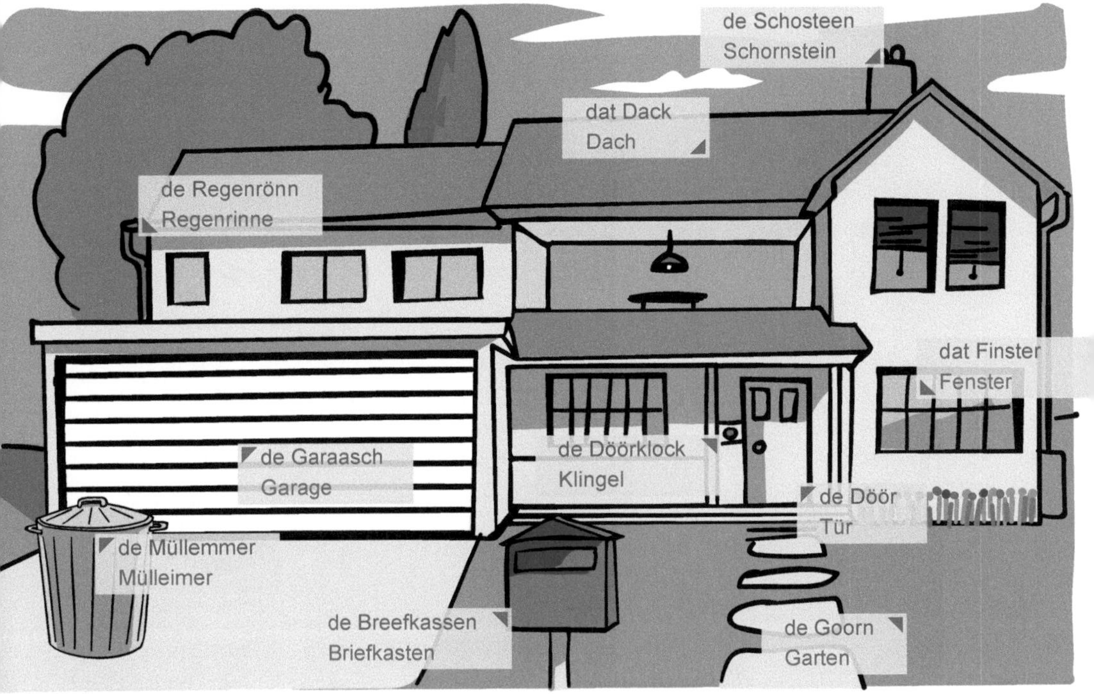

de Schosteen
Schornstein
dat Dack
Dach
de Regenrönn
Regenrinne
dat Finster
Fenster
de Garaasch
Garage
de Döörklock
Klingel
de Döör
Tür
de Müllemmer
Mülleimer
de Breefkassen
Briefkasten
de Goorn
Garten

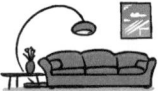

de Wahnstuuv

Wohnzimmer

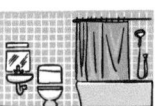

de Baadstuuv

Badezimmer

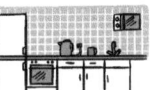

de Köök

Küche

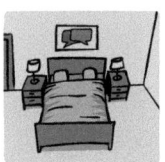

de Slaapstuuv

Schlafzimmer

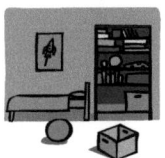

de Kinnerstuuv

Kinderzimmer

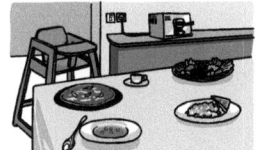

de Eetstuuv

Esszimmer

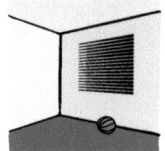

de Footbodden

Boden

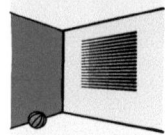

de Wand

Wand

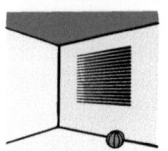

de Deek

Decke

de Keller

Keller

dat Hittluftbad

Sauna

de Balkon

Balkon

de Terrass

Terrasse

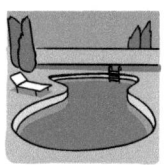

dat Swümmbad

Schwimmbad

de Rasenmeiher

Rasenmäher

de Bettbetog

Bettbezug

de Bettdeek

Bettdecke

de Puuch

Bett

de Bessen

Besen

de Emmer

Eimer

de Schalter

Schalter

de Wahnstuuv
Wohnzimmer

de Tapeet
Tapete
dat Bild
Bild
de Lamp
Lampe
dat Regal
Regal
dat Schapp
Schrank
de Kiekkassen
Fernseher
de Kamin
Kamin
de Bloom
Blume
dat Küssen
Kissen
dat Sofa
Sofa
de Vaas
Vase
de Feernbedenen
Fernbedienung

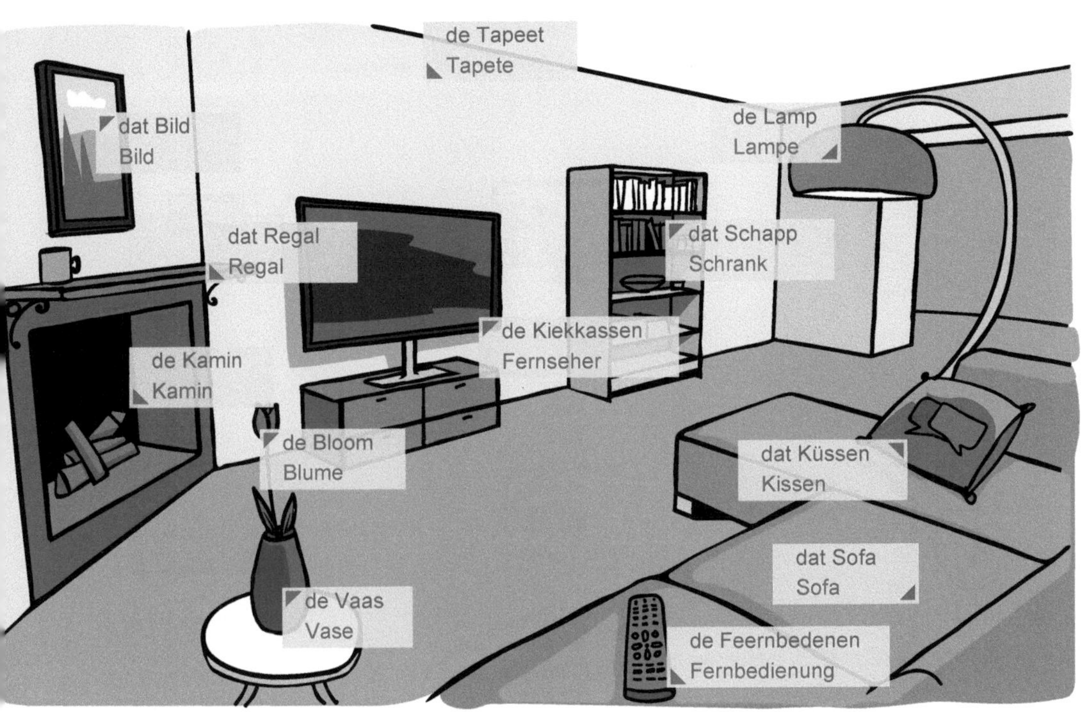

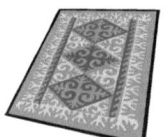

de Teppich
Teppich

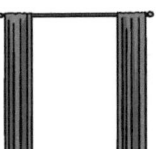

de Vörhang
Vorhang

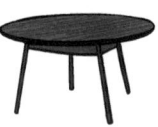

de Disch
Tisch

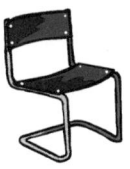

de Stohl
Stuhl

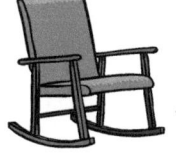

de Schuckelstohl
Schaukelstuhl

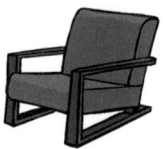

de Sessel
Sessel

dat Book

Buch

de Deek

Decke

de Dekoratschoon

Dekoration

dat Füerholt

Feuerholz

de Film

Film

de Stereoanlaag

Stereoanlage

de Slötel

Schlüssel

dat Narichtenblatt

Zeitung

dat Gemälde

Gemälde

dat Poster

Poster

dat Radio

Radio

de Opschrievblock

Notizblock

de Huulbessen

Staubsauger

de Kaktus

Kaktus

de Kars

Kerze

de Köök
Küche

dat Köhlschapp
Kühlschrank
de Mikrowell
Mikrowelle
de Kökenwaag
Küchenwaage
de Toaster
Toaster
dat Reinmaakmiddel
Reinigungsmittel
de Backaven
Backofen
dat Gefreerfack
Gefrierfach
de Müllemmer
Mülleimer
de Opwaschmaschien
Geschirrspüler

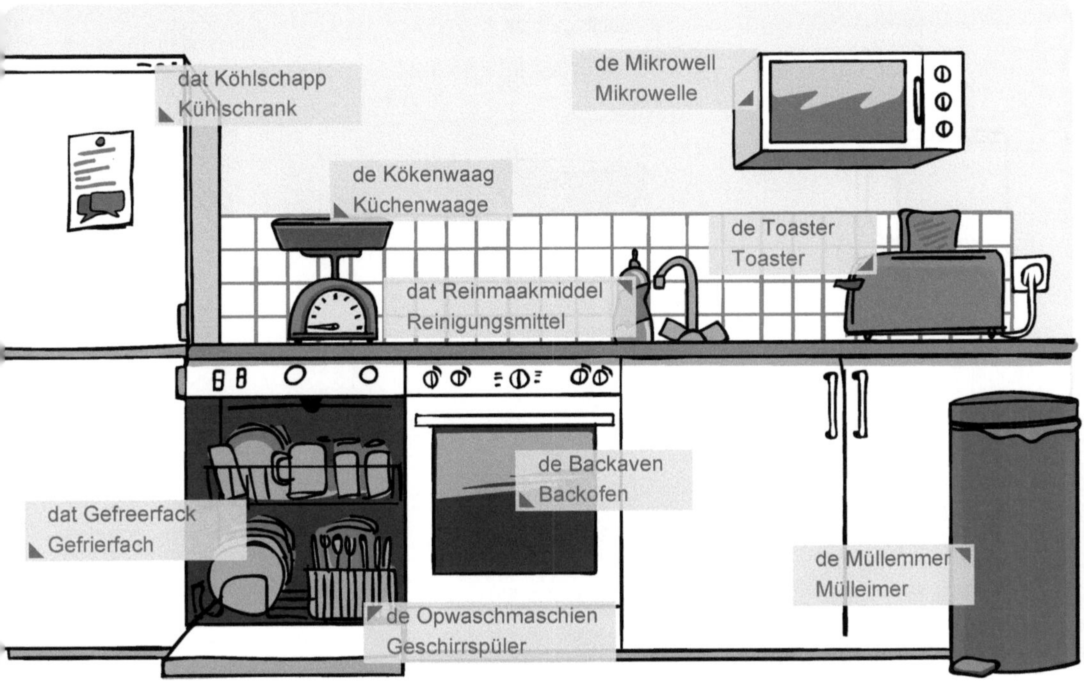

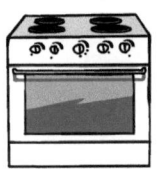

de Heerd

Herd

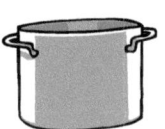

de Pott

Topf

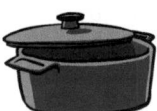

de Gussiesern Putt

Eisentopf

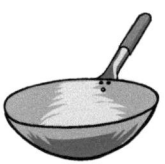

de Wok / Kadai

Wok / Kadai

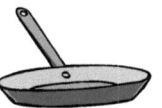

de Pann

Pfanne

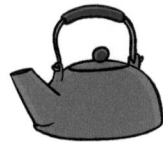

de Waterkaker

Wasserkocher

de Dampkaakputt

Dampfgarer

dat Backblick

Backblech

dat Geschirr

Geschirr

de Beker

Becher

de Schaal

Schale

de Eetsticken

Essstäbchen

de Suppenkell

Suppenkelle

de Pannenwenner

Pfannenwender

de Sneebessen

Schneebesen

dat Kaakseef

Kochsieb

dat Seef

Sieb

de Riev

Reibe

de Mörser

Mörser

de Grill

Grill

de Füerstell

Feuerstelle

dat Sniedbrett

Schneidebrett

dat Nudelholt

Nudelholz

de Proppentrecker

Korkenzieher

de Doos

Dose

de Dosenaapner

Dosenöffner

de Pottlappen

Topflappen

dat Waschbecken

Waschbecken

de Böst

Bürste

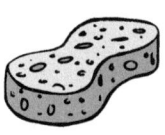

de Swamm

Schwamm

de Mixer

Mixer

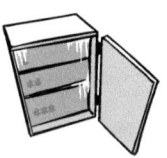

dat Iesschapp

Gefriertruhe

de Nuckelbuddel

Babyflasche

de Waterhahn

Wasserhahn

de Köök - Küche

de Baadstuuv

Badezimmer

de Heizung
Heizung
dat Handdook
Handtuch
de Bruus
Dusche
de Bruusvörhang
Duschvorhang
dat Schuumbad
Schaumbad
de Baadwann
Badewanne
dat Glas
Glas
de Waschmaschien
Waschmaschine
de Waterhahn
Wasserhahn
de Fliesen
Fliesen
de lütte Putt
Töpfchen
dat Waschbecken
Waschbecken

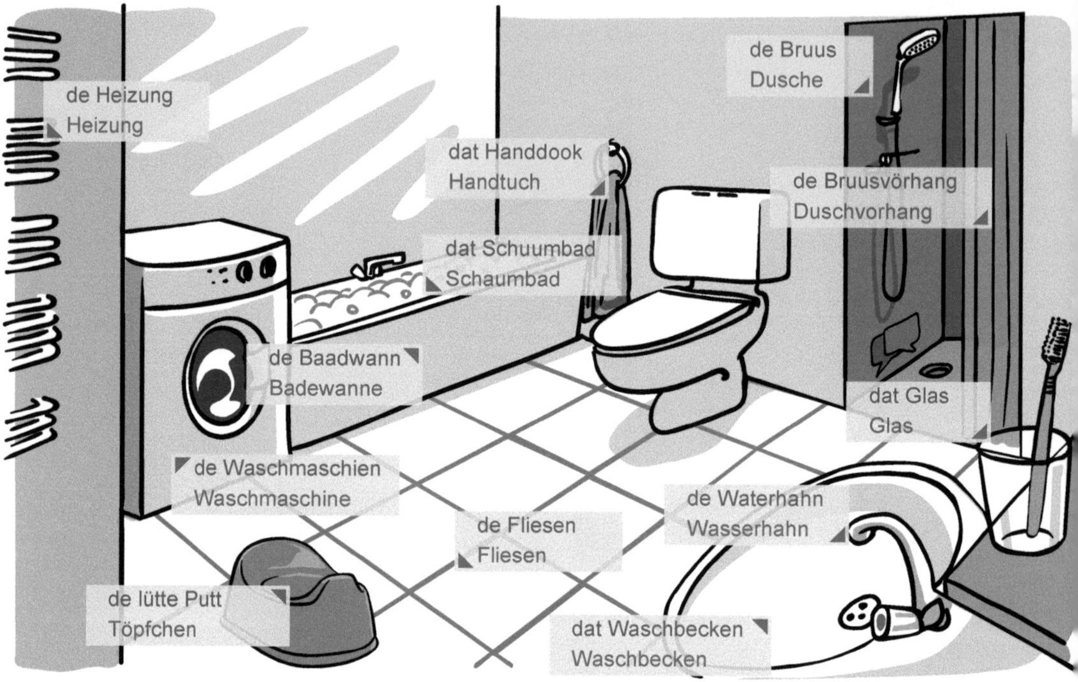

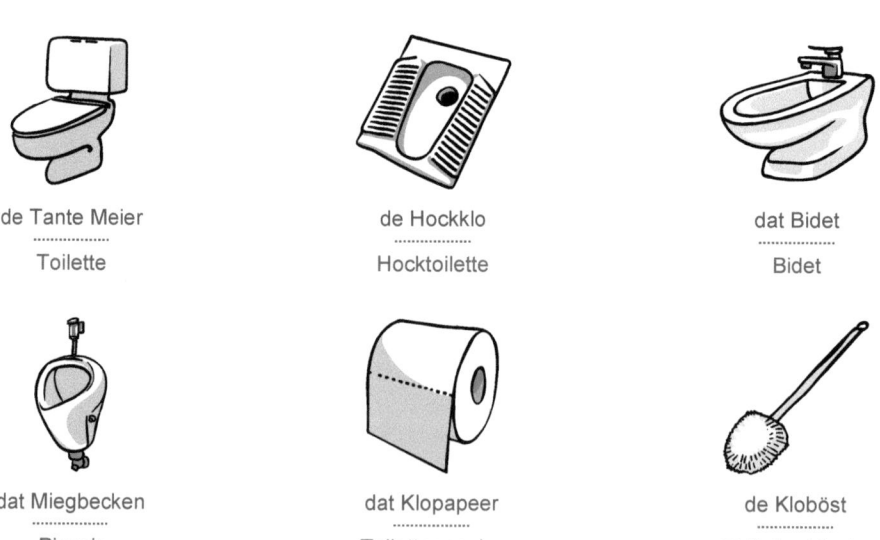

de Tante Meier

Toilette

de Hockklo

Hocktoilette

dat Bidet

Bidet

dat Miegbecken

Pissoir

dat Klopapeer

Toilettenpapier

de Kloböst

Toilettenbürste

de Tähnböst

Zahnbürste

de Tähnpast

Zahnpasta

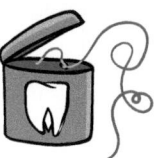

de Tähnsied

Zahnseide

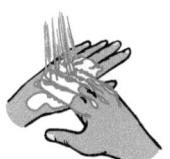

waschen

waschen

de Handbruus

Handbrause

de Intimbruus

Intimdusche

de Waschschöttel

Waschschüssel

de Rüchböst

Rückenbürste

de Seep

Seife

dat Bruusgeel

Duschgel

dat Hoorwaschmiddel

Shampoo

de Waschlappen

Waschlappen

de Afloop

Abfluss

de Creme

Creme

dat Deodorant

Deodorant

de Spegel

Spiegel

de Kosmetikspegel

Kosmetikspiegel

de Raserer

Rasierer

de Raseerschuum

Rasierschaum

dat Raseerwater

Rasierwasser

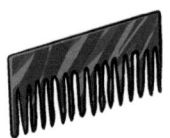

de Kamm

Kamm

de Böst

Bürste

de Hoordröger

Föhn

dat Hoorspray

Haarspray

de Smink

Makeup

de Lippensticken

Lippenstift

de Nagellack

Nagellack

de Watt

Watte

de Nagelscheer

Nagelschere

dat Rüükwater

Parfum

de Baadstuuv - Badezimmer

de Kulturbüdel

Kulturbeutel

de Schemel

Hocker

de Waag

Waage

de Baadmantel

Bademantel

de Gummihanschen

Gummihandschuhe

de Tampon

Tampon

de Damenbinn

Damenbinde

dat Chemieklo

Chemietoilette

de Kinnerstuuv
Kinderzimmer

de Wecker
Wecker
dat Knudeldeert
Kuscheltier
dat Speeltüüchauto
Spielzeugauto
de Klöter
Rassel
dat Poppenhuus
Puppenhaus
dat Geschenk
Geschenk

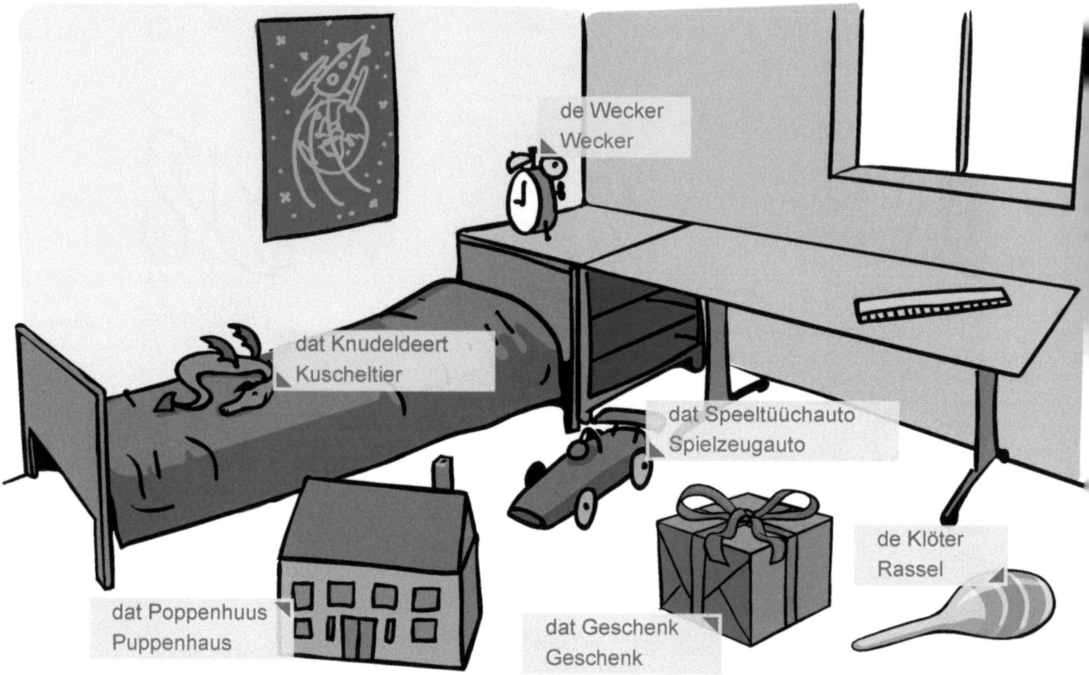

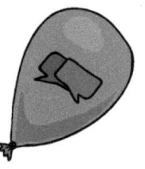

de Luftballon

Ballon

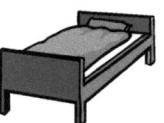

de Puuch

Bett

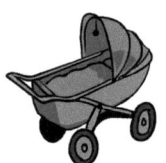

de Kinnerwagen

Kinderwagen

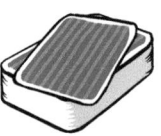

dat Koortenspeel

Kartenspiel

dat Puzzle

Puzzle

SUPER MEGA

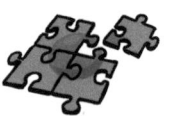

de Billergeschicht

Comic

de Legostenen

Legosteine

de Bustenen

Bausteine

de Action-Figur

Action Figur

de Strampelantog

Strampelanzug

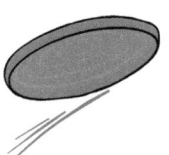

de Frisbeeschiev

Frisbee

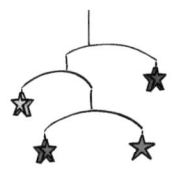

dat Mobile

Mobile

dat Brettspeel

Brettspiel

de Wörpel

Würfel

de Modelliesenbahn

Modelleisenbahn

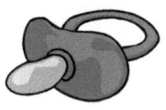

de Snuller

Schnuller

de Party

Party

dat Billerbook

Bilderbuch

de Ball

Ball

de Popp

Puppe

spelen

spielen

de Sandkassen

Sandkasten

de Schuckel

Schaukel

dat Speeltüüch

Spielzeug

de Speelkonsool

Spielkonsole

dat Dreerad

Dreirad

de Teddyboor

Teddy

dat Klederschapp

Kleiderschrank

dat Tüüch
Kleidung

de Socken

Socken

de Strümp

Strümpfe

de Strumpbüx

Strumpfhose

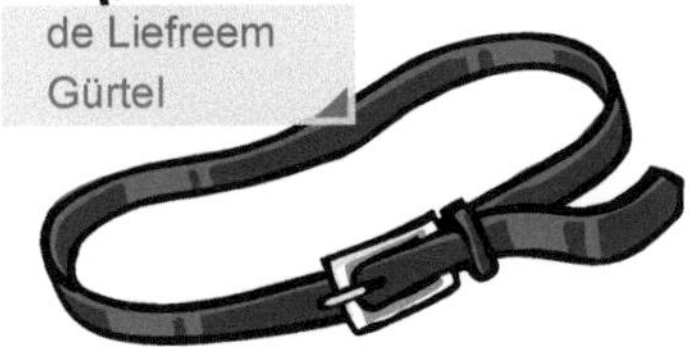

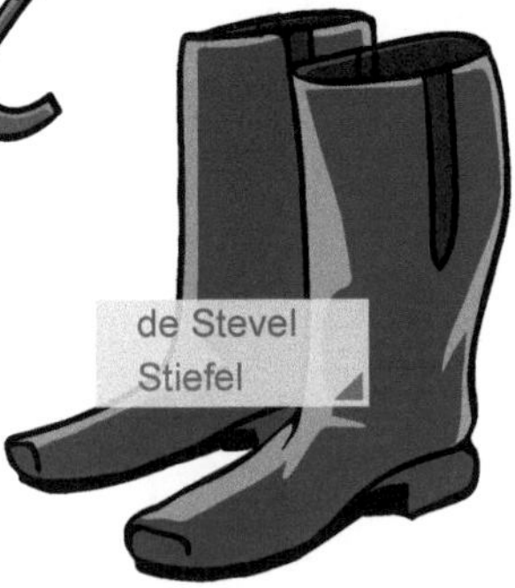

dat Halsdook
Schal

de Paraplü
Regenschirm

de Liefreem
Gürtel

dat T-Shirt
T-Shirt

de Stevel
Stiefel

de Puuschen
Hausschuhe

de Turnschoh
Turnschuhe

de Sandalen
....
Sandalen

de Schoh
....
Schuhe

de Gummistevel
....
Gummistiefel

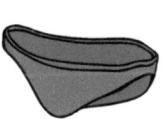

de Ünnerbüx
....
Unterhose

de Bostholler
....
Büstenhalter

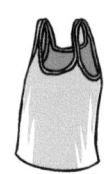

dat Ünnerhemd
....
Unterhemd

dat Tüüch - Kleidung

45

de Lief

Body

de Büx

Hose

de Jeansnüx

Jeans

de Rock

Rock

de Bluus

Bluse

dat Hemd

Hemd

de Pullover

Pullover

de Kapuzenpullover

Kapuzenpullover

de Blazer

Blazer

de Jack

Jacke

de Mantel

Mantel

de Övertrecker

Regenmantel

dat Kostüm

Kostüm

dat Kleed

Kleid

dat Hochtietskleed

Hochzeitskleid

de Antog

Anzug

dat Nachtkleed

Nachthemd

de Slaapantog

Schlafanzug

de Sari

Sari

dat Koppdook

Kopftuch

de Turban

Turban

de Burka

Burka

de Kaftan

Kaftan

de Abaya

Abaya

de Baadantog

Badeanzug

de Baadbüx

Badehose

de Korte Büx

Kurze Hose

de Antog to'n Öven

Trainingsanzug

de Schört

Schürze

de Handschoh

Handschuhe

de Knopp

Knopf

de Brill

Brille

dat Armband

Armband

de Halskeed

Halskette

de Ring

Ring

de Ohrbummel

Ohrring

de Mütz

Mütze

de Klederbögel

Kleiderbügel

de Hoot

Hut

de Binner

Krawatte

de Rietslüter

Reißverschluss

de Helm

Helm

dat Drachtband

Hosenträger

de Schooluniform

Schuluniform

de Uniform

Uniform

de Severböten

Lätzchen

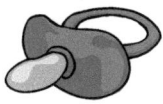

de Snuller

Schnuller

de Winnel

Windel

dat Büro

Büro

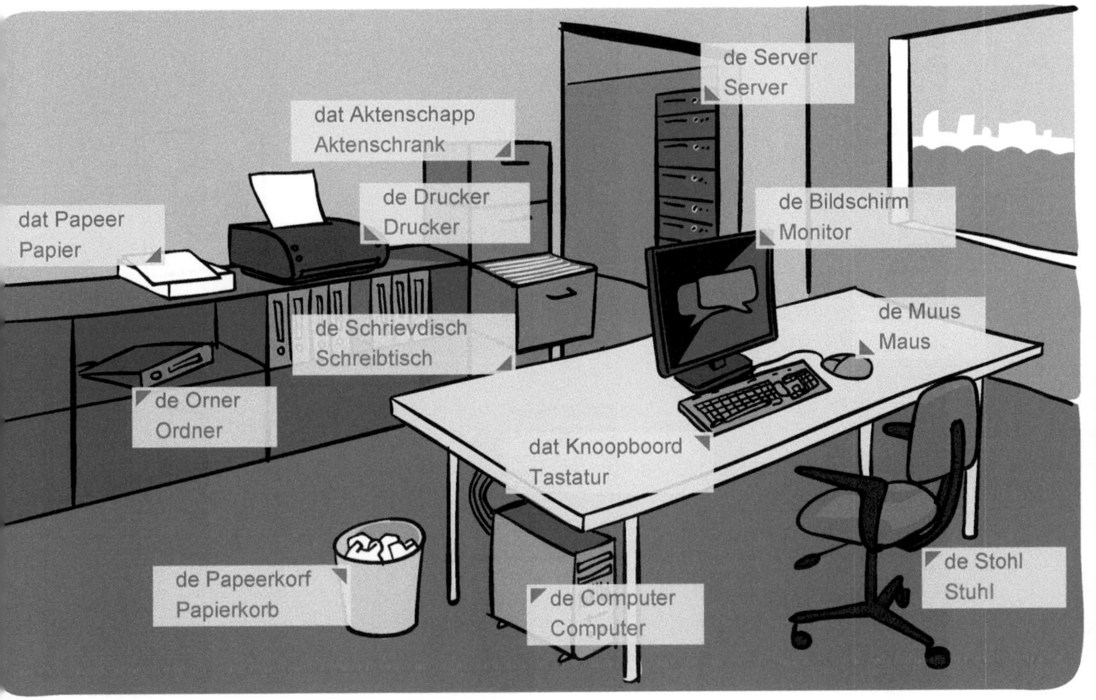

de Server
Server

dat Aktenschapp
Aktenschrank

de Drucker
Drucker

dat Papeer
Papier

de Bildschirm
Monitor

de Schrievdisch
Schreibtisch

de Muus
Maus

de Orner
Ordner

dat Knoopboord
Tastatur

de Papeerkorf
Papierkorb

dat Computer
Computer

de Stohl
Stuhl

de Koffiebeker

Kaffeebecher

de Taschenreekner

Taschenrechner

dat Internet

Internet

de Klappreekner

Laptop

de Breef

Brief

de Naricht

Nachricht

de Ackersnacker

Handy

dat Nettwark

Netzwerk

de Kopeerapparat

Kopierer

de Software

Software

de Klöönkassen

Telefon

de Steekdoos

Steckdose

de Faxapparat

Fax

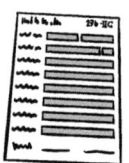

dat Formulor

Formular

dat Dokument

Dokument

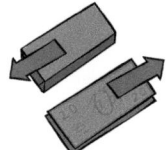

köpen

kaufen

betahlen

bezahlen

hanneln

handeln

dat Geld

Geld

de Dollar

Dollar

de Euro

Euro

de Yen

Yen

de Ruvel

Rubel

de Swiezer Franken

Franken

de Renminbi Yuan

Renminbi Yuan

de Rupie

Rupie

de Geldautomat

Geldautomat

de Wesselstuuv

Wechselstube

dat Gold

Gold

dat Sülver

Silber

dat Ööl

Öl

de Energie

Energie

de Pries

Preis

de Verdrag

Vertrag

de Stüer

Steuer

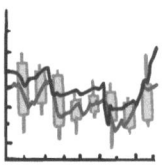

de Andeelschien

Aktie

arbeiden

arbeiten

de Anstellte

Angestellter

de Arbeitgever

Arbeitgeber

de Fabrik

Fabrik

de Hökerie

Geschäft

de Profeschonen

Berufe

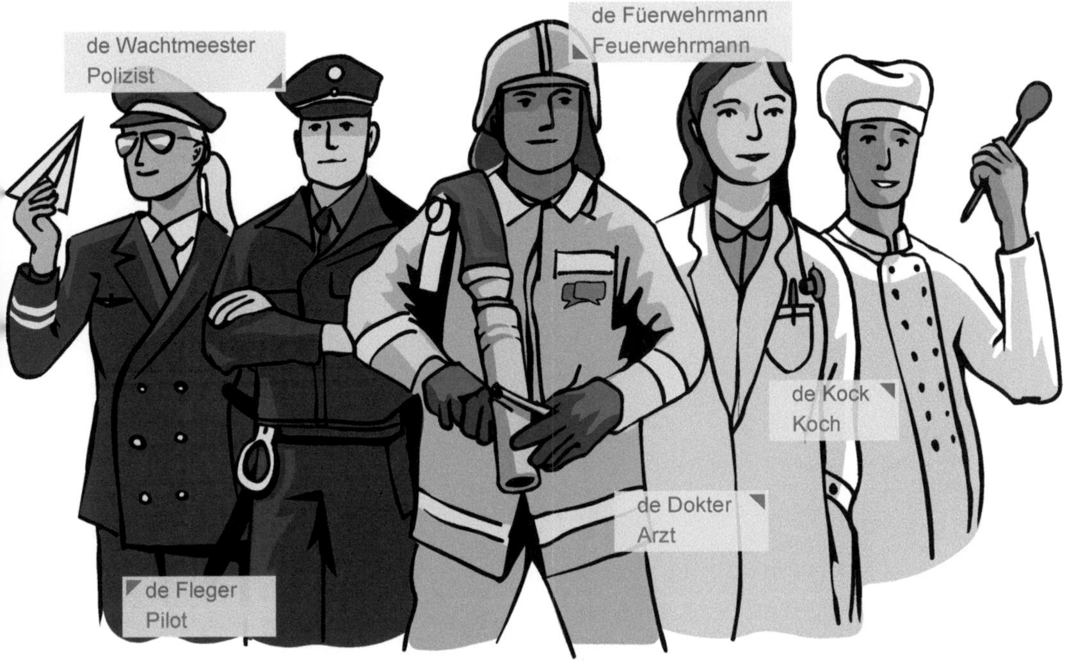
de Wachtmeester
Polizist
de Füerwehrmann
Feuerwehrmann
de Kock
Koch
de Dokter
Arzt
de Fleger
Pilot

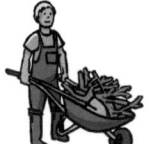

de Goorner

Gärtner

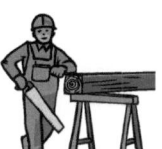

de Discher

Tischler

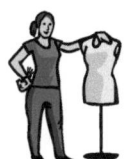

de Neihersche

Näherin

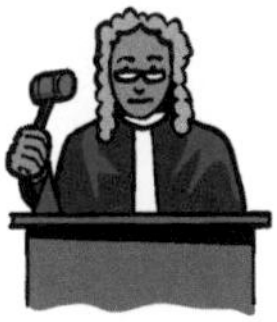

de Richter

Richter

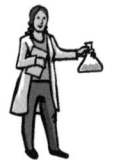

de Chemiker

Chemiker

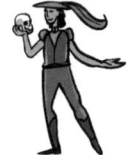

de Schauspeler

Schauspieler

de Busfohrer

Busfahrer

de Taxifohrer

Taxifahrer

de Fischer

Fischer

de Reinmaakfru

Putzfrau

de Dackdecker

Dachdecker

de Kellner

Kellner

de Jäger

Jäger

de Maler

Maler

de Bäcker

Bäcker

de Elektriker

Elektriker

de Buarbeider

Bauarbeiter

de Ingenieur

Ingenieur

de Slachter

Schlachter

de Klempner

Klempner

de Postbüdel

Postbote

de Suldat

Soldat

de Architekt

Architekt

de Kasserer

Kassierer

de Florist

Florist

de Putzbüdel

Friseur

de Schaffner

Schaffner

de Mechaniker

Mechaniker

de Kaptein

Kapitän

de Tähndokter

Zahnarzt

de Wetenschopler

Wissenschaftler

de Rabbi

Rabbi

de Imam

Imam

de Mönk

Mönch

de Paap

Geistlicher

dat Warktüüch
Werkzeuge

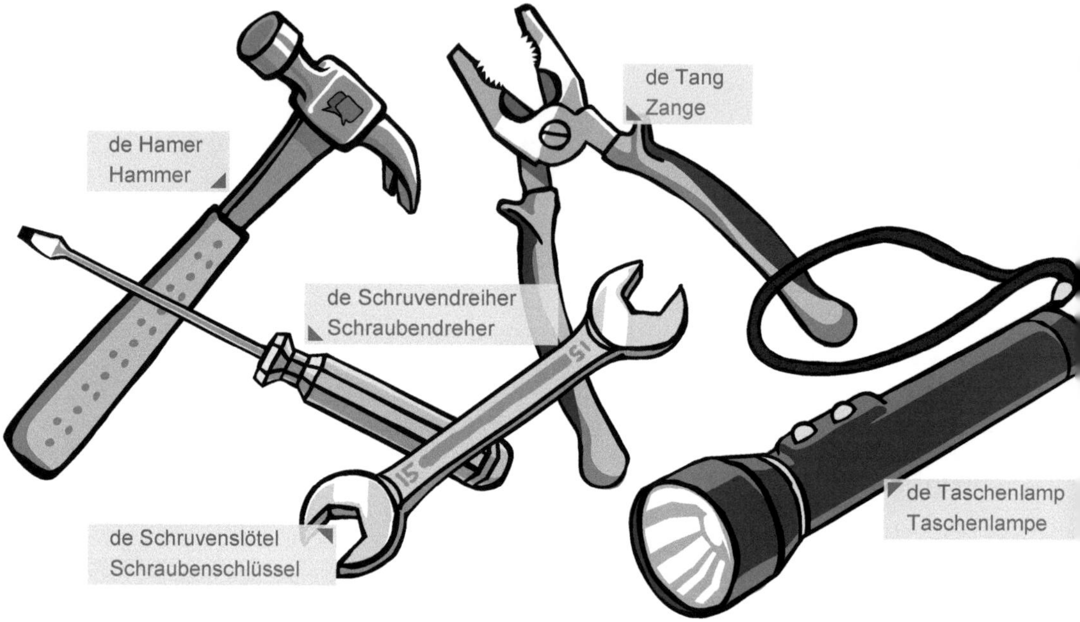
de Tang
Zange
de Hamer
Hammer
de Schruvendreiher
Schraubendreher
de Taschenlamp
Taschenlampe
de Schruvenslötel
Schraubenschlüssel

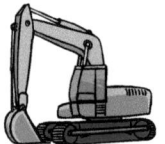

de Grieper

Bagger

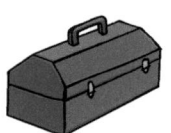

de Warktüüchkassen

Werkzeugkasten

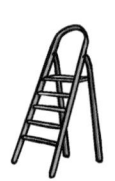

de Ledder

Leiter

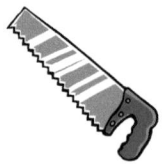

de Saag

Säge

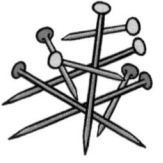

de Nagels

Nägel

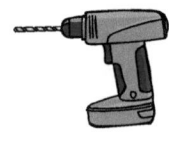

de Bohrer

Bohrer

heelmaken
....
reparieren

de Schüffel
....
Schaufel

Schiet!
....
Mist!

dat Kehrblick
....
Kehrblech

de Farvpott
....
Farbtopf

de Schruven
....
Schrauben

de Musikinstrumenten
Musikinstrumente

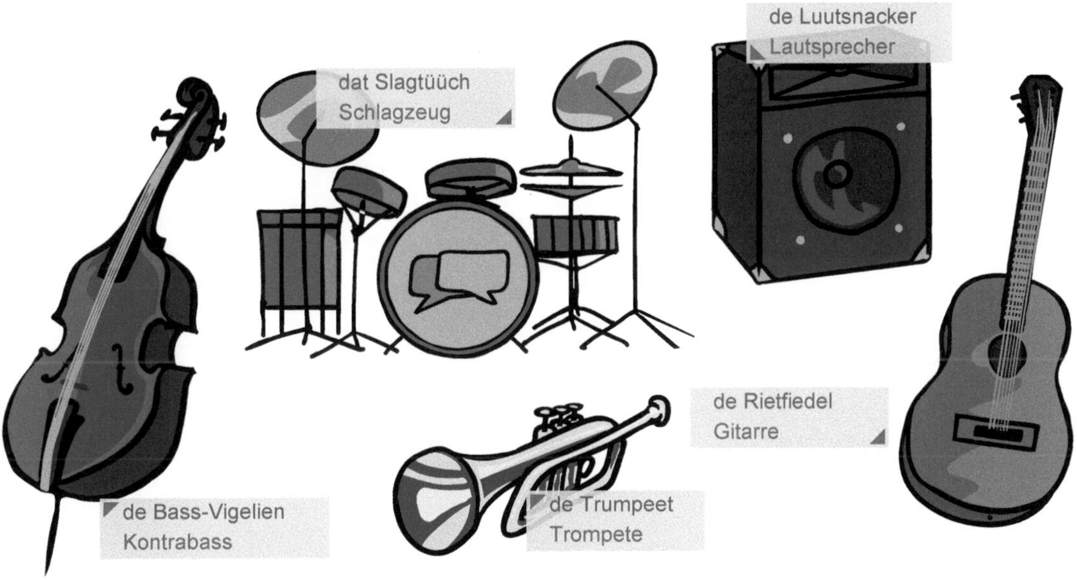

dat Slagtüüch
Schlagzeug

de Luutsnacker
Lautsprecher

de Bass-Vigelien
Kontrabass

de Trumpeet
Trompete

de Rietfiedel
Gitarre

dat Klaveer

Klavier

de Vigelien

Violine

de Bass

Bass

de Pauk

Pauke

de Trummeln

Trommeln

dat Keyboard

Keyboard

dat Saxophon

Saxophon

de Fleut

Flöte

dat Mikrofoon

Mikrofon

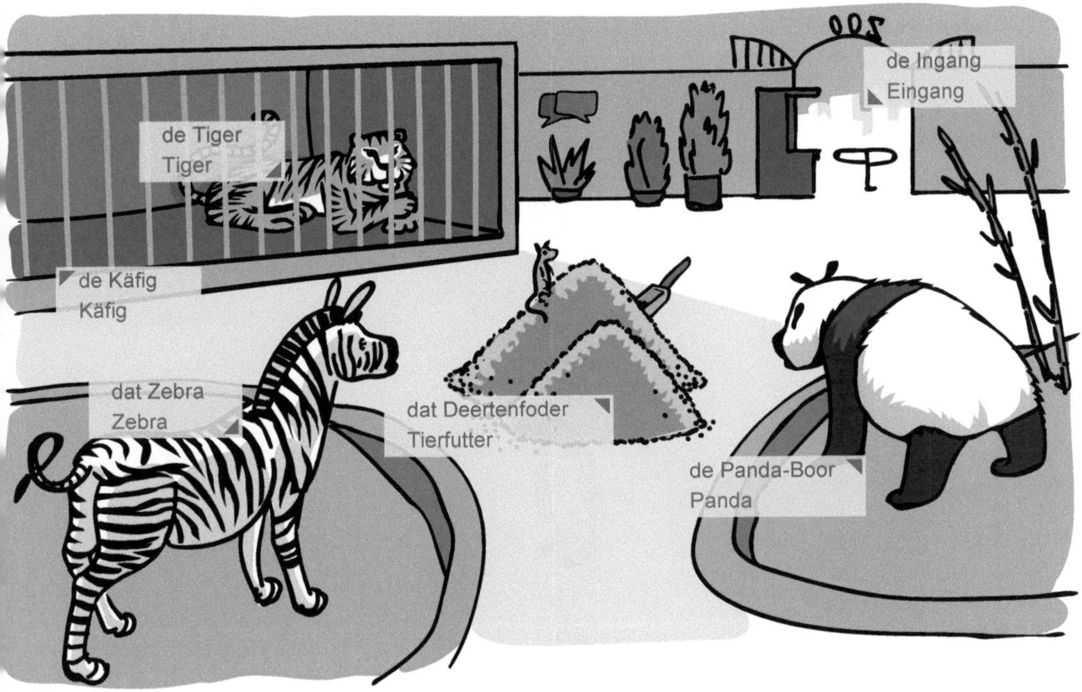

de Ingang
Eingang

de Tiger
Tiger

de Käfig
Käfig

dat Zebra
Zebra

dat Deertenfoder
Tierfutter

de Panda-Boor
Panda

de Deerten
Tiere

de Elefant
Elefant

dat Känguru
Känguru

dat Neeshoorn
Nashorn

de Gorilla
Gorilla

de Boor
Bär

dat Kameel

Kamel

de Struuß

Strauß

de Lööv

Löwe

de Aap

Affe

de Flamingo

Flamingo

de Papagoi

Papagei

de Iesboor

Eisbär

de Pinguin

Pinguin

de Haifisch

Hai

de Pageluun

Pfau

de Slang

Schlange

dat Krokodil

Krokodil

de Oppasser in'n
Deertenpark
Zoowärter

de Saalhund

Robbe

de Jaguor

Jaguar

dat Pony

Pony

de Leopard

Leopard

dat Nilpeerd

Nilpferd

de Giraff

Giraffe

de Aadler

Adler

dat Wildswien

Wildschwein

de Fisch

Fisch

de Schildkrööt

Schildkröte

dat Walross

Walross

de Voss

Fuchs

de Gazell

Gazelle

de Amerikaansch Football
American Football

dat Radfohren
Radfahren

dat Tennis
Tennis

de Korfball
Basketball

dat Swümmen
Schwimmen

dat Boxen
Boxen

dat Ieshockey
Eishockey

de Football
Fußball

dat Fedderball
Badminton

de Leichtathletik
Leichtathletik

de Handball
Handball

dat Skilopen
Skilaufen

dat Polo
Polo

de Aktivitäten

Aktivitäten

lachen
lachen
springen
springen
ümarmen
umarmen
gahn
gehen
singen
singen
drömen
träumen
beden
beten
snuteln
küssen

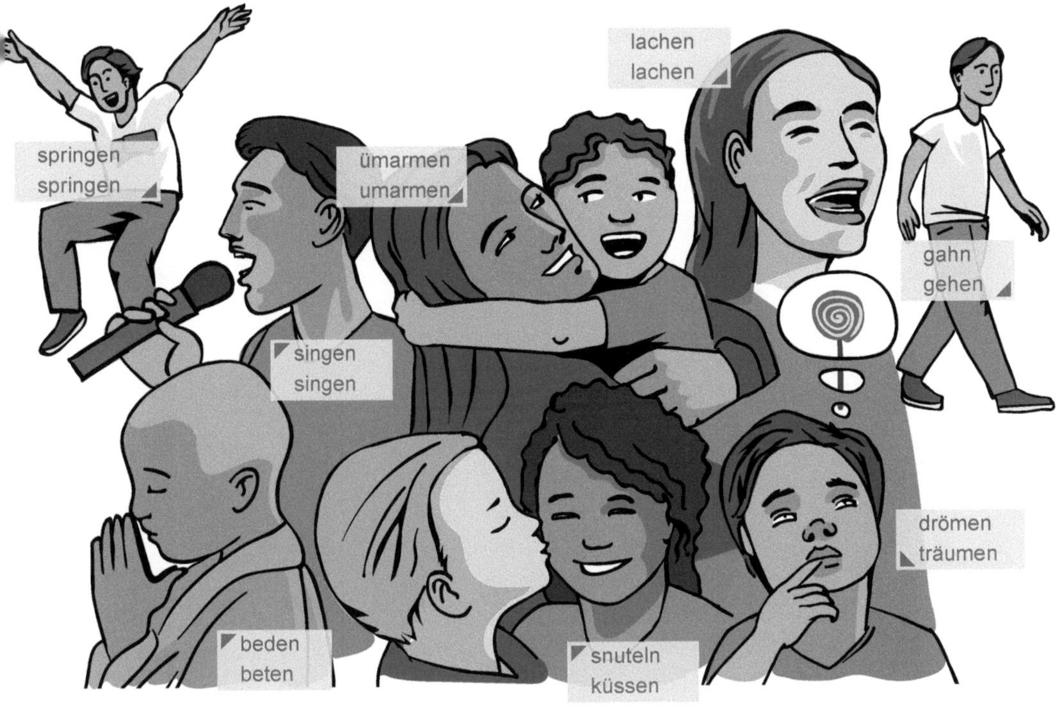

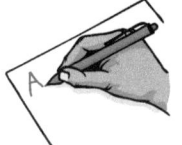

schrieven
....
schreiben

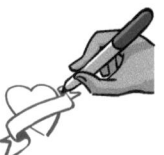

teken
....
zeichnen

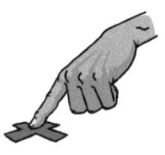

wiesen
....
zeigen

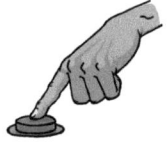

drücken
....
drücken

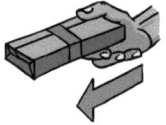

geven
....
geben

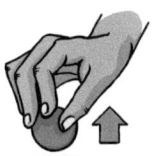

nehmen
....
nehmen

hebben

haben

doon

tun

sien

sein

stahn

stehen

lopen

laufen

trecken

ziehen

smieten

werfen

fallen

fallen

liggen

liegen

töven

warten

dregen

tragen

sitten

sitzen

antrecken

anziehen

slapen

schlafen

opwaken

aufwachen

ankieken

ansehen

wenen

weinen

eien

streicheln

kämmen

kämmen

snacken

reden

verstahn

verstehen

fragen

fragen

hören

hören

drinken

trinken

eten

essen

oprümen

aufräumen

leefhebben

lieben

kaken

kochen

fohren

fahren

flegen

fliegen

segeln
segeln

reken
rechnen

lesen
lesen

lehren
lernen

arbeiden
arbeiten

de Plünnen tohoopsmieten
heiraten

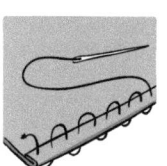

neihen
nähen

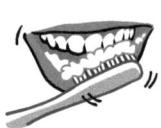

Tähnen putzen
Zähne putzen

dootmaken
töten

smöken
rauchen

schicken
senden

de Grootmoder
Großmutter

de Grootvadder
Großvater

de Vadder
Vater

de Moder
Mutter

dat Winnelkind
Baby

de Dochter
Tochter

de Söhn
Sohn

de Gast

Gast

de Tant

Tante

de Unkel

Onkel

de Broder

Bruder

de Süster

Schwester

de Lief
Körper

de Vörkopp
Stirn
dat Oog
Auge
de Schuller
Schulter
de Finger
Finger
dat Gesicht
Gesicht
dat Kinn
Kinn
de Hand
Hand
dat Been
Bein
de Bost
Brust
de Arm
Arm

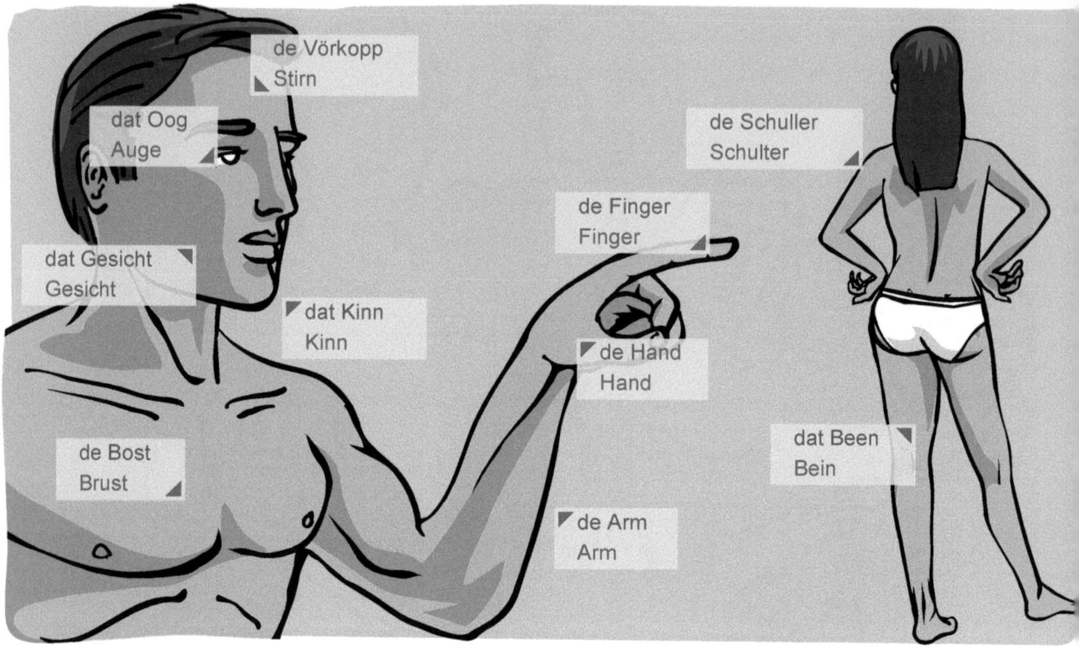

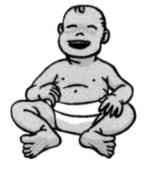

dat Winnelkind
Baby

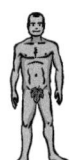

de Mann
Mann

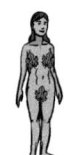

de Fro
Frau

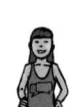

de Deern
Mädchen

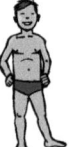

de Jung
Junge

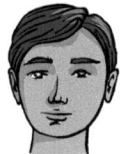

de Arm
Kopf

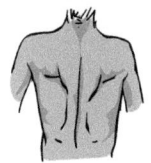

de Rüch

Rücken

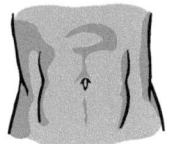

de Buuk

Bauch

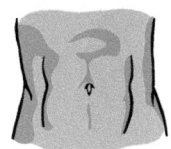

de Navel

Nabel

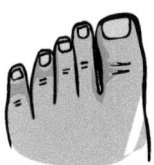

de Teh

Zeh

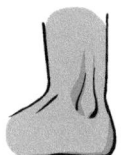

de Hack

Ferse

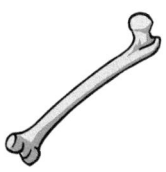

de Knaken

Knochen

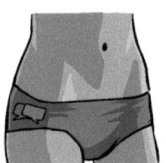

de Hüft

Hüfte

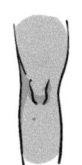

dat Knee

Knie

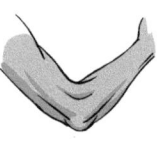

de Ellbagen

Ellenbogen

de Nees

Nase

de Achtersen

Gesäß

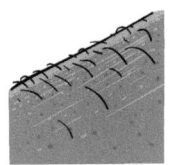

de Huut

Haut

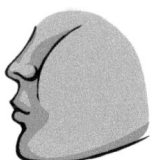

de Back

Wange

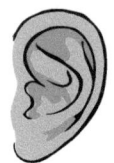

dat Ohr

Ohr

de Lipp

Lippe

de Mund

Mund

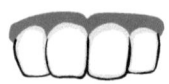

de Tähn

Zahn

de Tung

Zunge

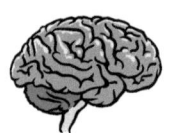

de Bregen

Gehirn

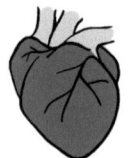

dat Hart

Herz

de Muskel

Muskel

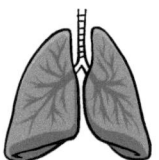

de Lung

Lunge

de Lever

Leber

de Maag

Magen

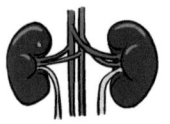

de Neren

Nieren

de Bislaap

Geschlechtsverkehr

dat Kondoom

Kondom

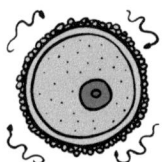

de Eizell

Eizelle

dat Sperma

Sperma

de Anner Ümstänn

Schwangerschaft

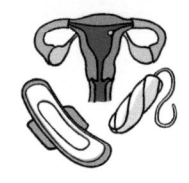

de Menstruatschoon

Menstruation

de Scheed

Vagina

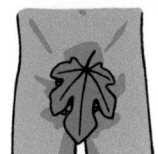

de Pint

Penis

de Ogenbroe

Augenbraue

dat Hoor

Haar

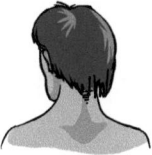

de Hals

Hals

dat Krankenhuus

Krankenhaus

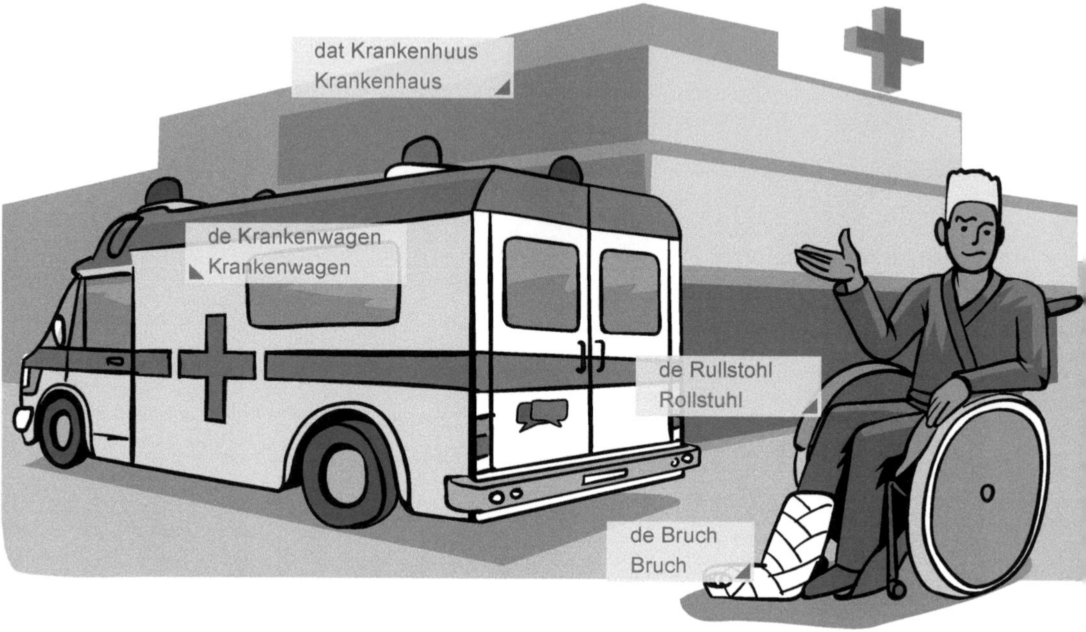

dat Krankenhuus
Krankenhaus
de Krankenwagen
Krankenwagen
de Rullstohl
Rollstuhl
de Bruch
Bruch

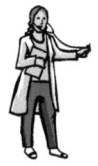

de Dokter

Arzt

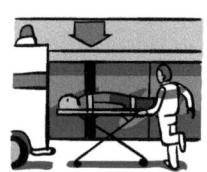

de Nootopnahm

Notaufnahme

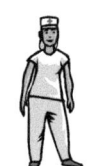

de Krankensüster

Krankenschwester

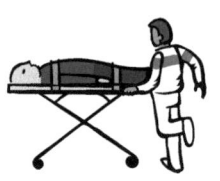

de Nootfall

Notfall

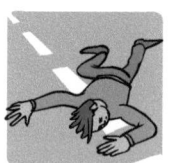

ahnmächtig

ohnmächtig

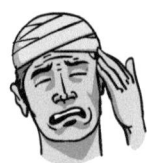

de Wehdaag

Schmerz

de Verwunnen

Verletzung

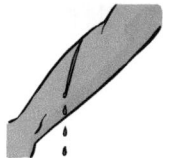

de Blöden

Blutung

de Hartinfarkt

Herzinfarkt

de Slaganfall

Schlaganfall

de Allergie

Allergie

de Hoosten

Husten

dat Fever

Fieber

de Gripp

Grippe

de Dörchfall

Durchfall

de Koppwehdaag

Kopfschmerzen

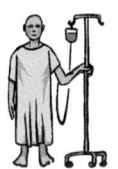

de Kreeft

Krebs

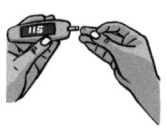

de Zuckersüük

Diabetis

de Chirurg

Chirurg

dat Chirurgsch Mess

Skalpell

de Operatschoon

Operation

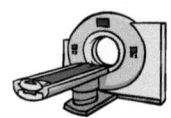

dat CT

CT

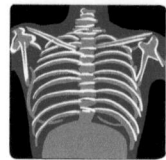

de Dörchlüchten

Röntgen

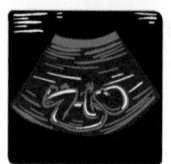

de Ultraschall

Ultraschall

de Mask

Maske

de Krankheit

Krankheit

de Töövruum

Wartezimmer

de Krück

Krücke

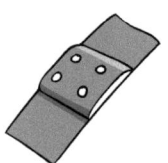

dat Plaaster

Pflaster

de Verband

Verband

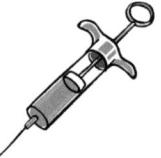

de Insprütten

Injektion

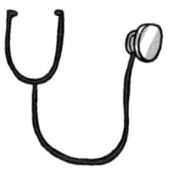

dat Stethoskop

Stethoskop

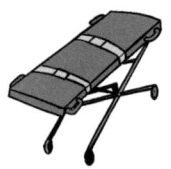

de Draag

Trage

dat Feverthermometer

Thermometer

de Geboort

Geburt

dat Övergewicht

Übergewicht

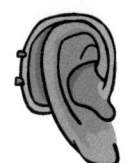

de Höörapparat

Hörgerät

dat Kiemfriemiddel

Desinfektionsmittel

de Ansteken

Infektion

de Virus

Virus

dat HIV / AIDS

HIV / AIDS

dat Heelmiddel

Medizin

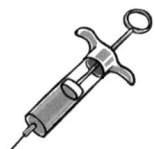

de Impen

Impfung

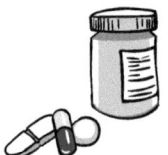

de Tabletten

Tabletten

de Pill

Pille

de Nootroop

Notruf

de Blootdruck-Meter

Blutdruck-Messgerät

krank / gesund

krank / gesund

Hölp!

Hilfe!

de Alarm

Alarm

de Överfall

Überfall

de Angreep

Angriff

de Gefohr

Gefahr

de Nootutgang

Notausgang

dat Füer!

Feuer!

de Füerlöscher

Feuerlöscher

de Unfall

Unfall

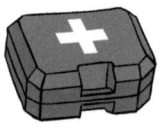

de Noothölpkoffer

Erste-Hilfe-Koffer

SOS

SOS

de Polizei

Polizei

Europa

Europa

Noordamerika

Nordamerika

Süüdamerika

Südamerika

Afrika

Afrika

Asien

Asien

Australien

Australien

de Atlantik

Atlantik

de Pazifik

Pazifik

dat Indisch Weltmeer

Indischer Ozean

dat Antarktisch Weltmeer

Antarktischer Ozean

dat Arktisch Weltmeer

Arktischer Ozean

de Noordpol

Nordpol

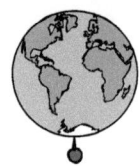

de Süüdpol

Südpol

de Antarktis

Antarktis

de Eerd

Erde

dat Land

Land

de See

Meer

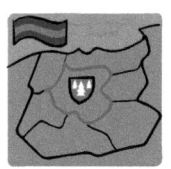

dat Eiland

Insel

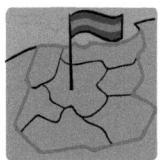

de Natschoon

Nation

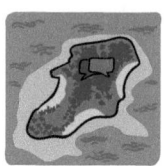

de Staat

Staat

dat Tallenblatt

Zifferblatt

de Stunnenwieser

Stundenzeiger

de Minutenwieser

Minutenzeiger

de Sekunnenwieser

Sekundenzeiger

Wo laat is dat?

Wie spät ist es?

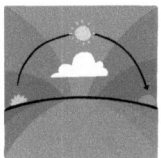

de Dag

Tag

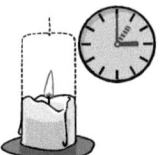

de Tiet

Zeit

nu

jetzt

de digetaalsch Klock

Digitaluhr

de Minuut

Minute

de Stunn

Stunde

de Maandag
Montag

de Middeweek
Mittwoch

de Friedag
Freitag

de Dingsdag
Dienstag

de Sünnavend
Samstag

de Dunnersdag
Donnerstag

de Sünndag
Sonntag

güstern

gestern

hüüt

heute

morgen

morgen

de Morgen

Morgen

de Meddag

Mittag

de Avend

Abend

MO	TU	WE	TH	FR	SA	SU
1	2	3	4	5	6	7
8	9	10	11	12	13	14
15	16	17	18	19	20	21
22	23	24	25	26	27	28
29	30	31	1	2	3	4

de Arbeitsdaag

Arbeitstage

MO	TU	WE	TH	FR	SA	SU
1	2	3	4	5	6	7
8	9	10	11	12	13	14
15	16	17	18	19	20	21
22	23	24	25	26	27	28
29	30	31	1	2	3	4

dat Wekenenn

Wochenende

dat Johr
Jahr

de Regen
Regen
de Regenbagen
Regenbogen
de Snee
Schnee
de Wind
Wind
dat Fröhjohr
Frühling
de Harvst
Herbst
de Sommer
Sommer
de Winter
Winter

4.APRIL 11°
5.APRIL 4°
6.APRIL 13°
7.APRIL 8°
8.APRIL 10°

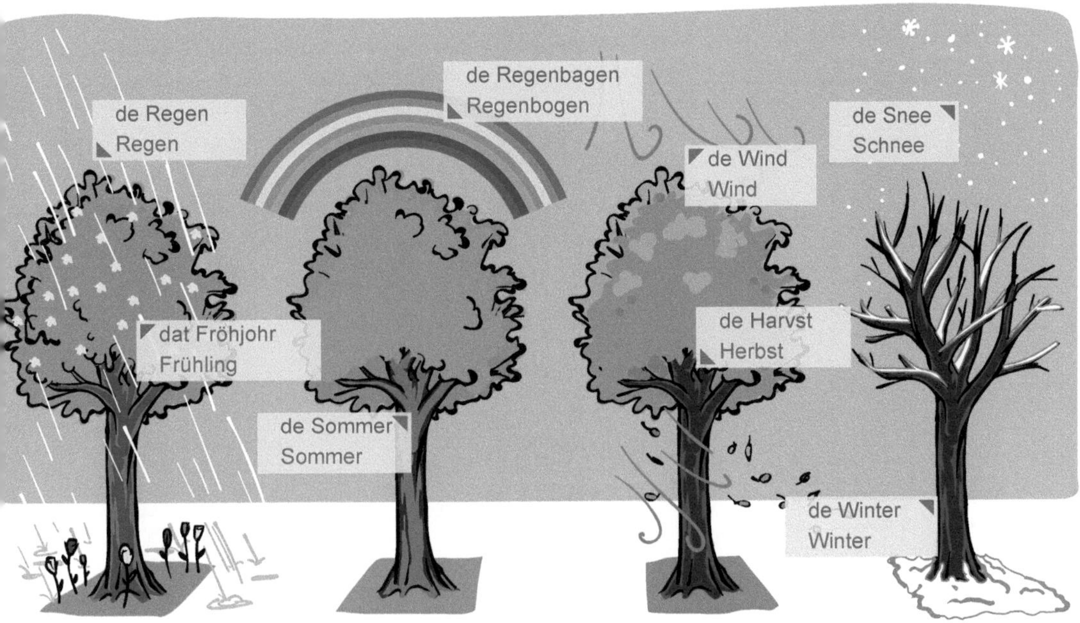

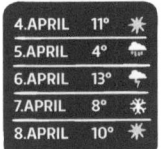

de Wedervörhersaag

Wettervorhersage

F
C
120
90
60
30
0
-30
40
30
20
10
0
-10
-20

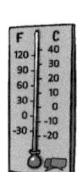

dat Thermometer

Thermometer

de Sünnenschien

Sonnenschein

de Wulk

Wolke

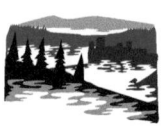

de Nevel

Nebel

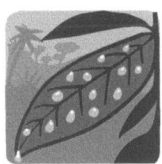

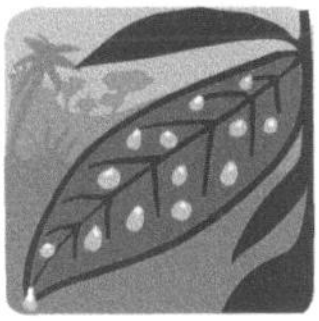

de Luftfuchtigkeit

Luftfeuchtigkeit

de Blitz

Blitz

de Dunner

Donner

de Storm

Sturm

de Hagel

Hagel

de Monsun

Monsun

de Floot

Flut

dat Ies

Eis

de Januormaand

Januar

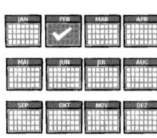

de Februormaand

Februar

de Martmaand

März

de Aprilmaand

April

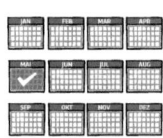

de Maimaand

Mai

de Junimaand

Juni

de Julimaand

Juli

de Augustmaand

August

dat Johr - Jahr

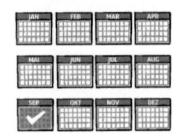

de Septembermaand

September

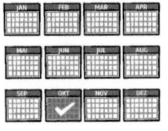

de Oktobermaand

Oktober

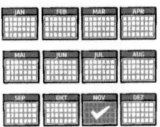

de Novembermaand

November

de Dezembermaand

Dezember

de Formen

Formen

de Krink

Kreis

dat Quadrat

Quadrat

dat Rechteck

Rechteck

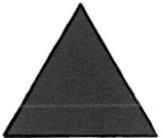

dat Dreeeck

Dreieck

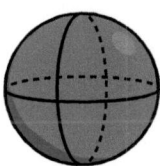

de Kugel

Kugel

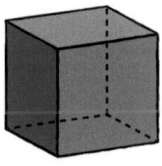

de Wörpel

Würfel

witt
....
weiß

geel
....
gelb

orangsch
....
orange

pink
....
pink

root
....
rot

lila
....
lila

blau
....
blau

gröön
....
grün

bruun
....
braun

gries
....
grau

swart
....
schwarz

veel / wenig
viel / wenig

böös / verdreeglich
wütend / friedlich

smuck / mies
hübsch / hässlich

de Begünn / dat Enn
Anfang / Ende

groot / lütt
groß / klein

hell / düüster
hell / dunkel

de Broder / de Süster
Bruder / Schwester

schier / schietig
sauber / schmutzig

kumpleet / nich kumpleet
vollständig / unvollständig

de Dag / de Nacht
Tag / Nacht

doot / lebennig
tot / lebendig

breet / small
breit / schmal

geneetbor / nich geneetbor

genießbar / ungenießbar

böös / fründlich

böse / freundlich

fickerig / langwielt

aufgeregt / gelangweilt

dick / dünn

dick / dünn

toeerst / toletzt

zuerst / zuletzt

de Fründ / de Fiend

Freund / Feind

vull / leddig

voll / leer

hart / week

hart / weich

swoor / licht

schwer / leicht

de Smacht / de Döst

Hunger / Durst

krank / gesund

krank / gesund

nich na't Recht / na't Recht

illegal / legal

klook / dummerhaftig

intelligent / dumm

linkerhand / rechterhand

links / rechts

neeg / feern

nah / fern

nieg / bruukt
....
neu / gebraucht

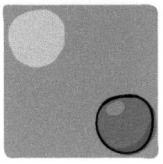

nix / wat
....
nichts / etwas

oolt / jung
....
alt / jung

an / ut
....
an / aus

apen / slaten
....
offen / geschlossen

lies / luut
....
leise / laut

riek / arm
....
reich / arm

richtig / verkehrt
....
richtig / falsch

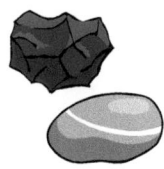

ruug / glatt
....
rau / glatt

trurig / glücklich
....
traurig / glücklich

kort / lang
....
kurz / lang

suutje / flink
....
langsam / schnell

natt / dröög
....
nass / trocken

warm / köhl
....
warm / kühl

de Krieg / de Freden
....
Krieg / Frieden

0	**1**	**2**
null	een	twee
null	eins	zwei

3	**4**	**5**
dree	veer	fief
drei	vier	fünf

6	**7**	**8**
söss	söven	acht
sechs	sieben	acht

9	**10**	**11**
negen	teihn	ölven
neun	zehn	elf

12
twölf
zwölf

13
dörteihn
dreizehn

14
veerteihn
vierzehn

15
föffteihn
fünfzehn

16
sössteihn
sechzehn

17
söventeihn
siebzehn

18
achtteihn
achtzehn

19
negenteihn
neunzehn

20
twintig
zwanzig

100
hunnert
hundert

1.000
dusend
tausend

1.000.000
million
million

dat Engelsch

Englisch

dat Amerikaansch Engelsch

Amerikanisches Englisch

dat Chineesch Mandarin

Chinesisch Mandarin

dat Hindi

Hindi

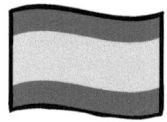

dat Spaansch

Spanisch

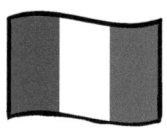

dat Franzöösch

Französisch

dat Araabsch

Arabisch

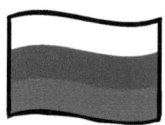

dat Rusch

Russisch

dat Portugiesch

Portugiesisch

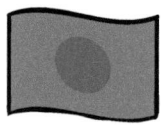

dat Bengaalsch

Bengalisch

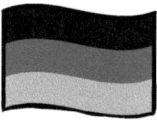

dat Düütsch

Deutsch

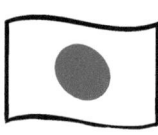

dat Japaansch

Japanisch

ik
....
ich

du
....
du

he / se / dat
....
er / sie / es

wi
....
wir

ji
....
ihr

se
....
sie

keen?
....
wer?

wat?
....
was?

woans?
....
wie?

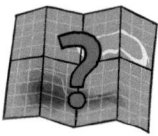

woneem?
....
wo?

wannehr?
....
wann?

de Naam
....
Name

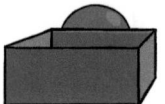

achter
....
hinter

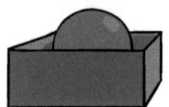

in
....
in

vör
....
vor

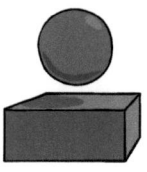

över
....
über

op
....
auf

ünner
....
unter

blangen
....
neben

twüschen
....
zwischen

de Oort
....
Ort